GÜNTHER DREISBACH

AF203074

NUR
DREI
WORTE

KURZE SÄTZE DER BIBEL BEDACHT UND AUSGELEGT

Für Armina
und Artina

Im Jahr 2015 habe ich angefangen, die Bibel abzuschreiben. Das hatte ich schon länger vor. Jetzt, wo meine Frau und ich zwei Patenkinder haben, macht das einen zusätzlichen Sinn. Es soll nun ein Geschenk zu den Konfirmationen der beiden Mädchen werden in 2020 und in 2029 - wenn der Herr will und wir leben.

Beim Abschreiben bin ich auf etwas gestoßen, was für Theologen sicherlich nichts Neues ist. Für mich war es schon so: Es gibt eine relativ große Anzahl von kleinen Sätzen oder Nebensätzen, nur drei Worte lang: Mehr als 350 solcher Sätze habe ich insgesamt gefunden. Es sind sicherlich noch viel mehr. »Fürchte dich nicht!« ist so ein Satz. Prägnante Sätze befinden sich darunter. Mir kam beim Abschreiben die Idee, solche kleinen Sätze zu sammeln und 100 davon auszulegen. Der Prozess hat schon im Jahr 2015 begonnen. Da aber gab es noch nicht die Revision 2017 der Lutherbibel. Gegenüber der 1984er Bibelausgabe sind einige »Drei-Worte-Sätze« weggefallen. Ein paar, zum Beispiel Lukas 10,42 (»Eins ist not!«), habe ich trotzdem aufgeführt. (*) Angeregt zu diesen Andachten hat mich auch die »Glaubenssache«, eine Samstagsandacht in der Hessisch-Niedersächsischen Allgemeinen. Das Autorenteam hat sich verpflichtet, Gedanken kurz zu fassen: 1500 Zeichen. Da lernt man, das Wesentliche schnell auf den Punkt zu bringen.

Das Ergebnis meiner biblischen Betrachtungen findet sich in diesem Buch. Und vielleicht regt es auch andere zum Nachdenken an: »Bleibe bei uns« oder »Wünschet Jerusalem Frieden« oder »Züchtige deinen Sohn«.

Günther Dreisbach

Es werde Licht!
1 Mos 1,3

Der dritte Satz in der Bibel ist ein knapper Satz. Gott hat Himmel und Erde geschaffen. Es herrscht eine merkwürdige Stimmung. Wüste und Leere. Dunkelheit. Und bei all dem ist Gottes Geist. Damals, am ersten Schöpfungstag. Dann spricht Gott seinen ersten Satz, der überliefert ist: »Es werde Licht!« Nicht: Es ist alles so schrecklich. So wüst. So leer. So dunkel. »Tohuwabohu« heißt das im Hebräischen. Gott hat eine Lösung parat: Es muss hell werden. »Es werde Licht!« Und das geschieht dann auch. Mitten in der merkwürdigen Stimmung schaltet Gott das Licht an. Und er stellt auch gleich fest, wie schön, wie gut das ist.

Gott ist der Herr des Lichtes. Und das ist eine grundlegende Voraussetzung für unser Leben. Noch bevor Gott die Sonne schafft, wird es Licht. Man kann als Christ hierin einen ersten behutsamen Hinweis auf Jesus sehen. Auf Gottes Sohn, der von sich sagen wird, dass er das Licht der Welt ist. »Es werde Licht!« heißt das etwa: Auf dem ersten Blatt der Bibel ist schon von Jesus die Rede? Oder gar von uns Menschen, von denen Jesus in der Bergpredigt gesagt hat, dass sie das Licht der Welt sind? Ich weiß, das hat er seinen Jüngern gesagt. Aber in deren Nachfolge doch auch uns.

Es werde Licht! Am Anfang der Schöpfung. Am ersten Tag der Weltgeschichte plant Gott schon einen großen Coup mit uns. Den Coup der Nachfolge. Orientiert euch an Jesus, am Licht der Welt. Nehmt ihn als Beispiel für euer Leben.

Wo bist du?
1 Mos 3,9

Gott ist auf der Suche. Gott sucht mich. Das ist eine seiner Hauptaufgaben. Er will keinen Menschen aufgeben. Er will sich um jeden Einzelnen kümmern. Um Adam. Und um dich. Und um mich.

Adam und Eva hatten einen Fehler gemacht. Sie hatten etwas gegessen, was sie nach Gottes Willen nicht essen durften. Vom Baum der Erkenntnis hatten sie gegessen. Aber als sie aßen, erkannten sie plötzlich, dass sie nackt sind. Schnell machten sie sich Kleidung. So gut das eben ging im Paradies. Jetzt stehen sie da wie betrogene Betrüger. Und fangen an, sich zu schämen. Sie verstecken sich, als sie Gott den HERRN kommen hören und bekommen es mit der Angst zu tun. »Wo bist du?« ruft Gott nach Adam. Der merkt sofort, dass es keinen Zweck hat, sich zu verstecken. Und er geht in die Vorwärtsverteidigung. Er steht zu seiner Schuld. Er erkennt seinen Fehler: Er weist aber gleich darauf hin, dass es die Frau war, Eva, die ihn verführt hat. Die Geschichte geht dann noch weiter. Aber das muss jetzt hier nicht bedacht werden.

Der Mensch macht einen Fehler. Und Gott sucht ihn. Wo bist du? Verstecke ich mich auch, wenn ich einen Fehler gemacht habe? Ja klar. Ich könnte andauernd Geschichten davon erzählen. Ich ducke mich weg. Oder ich verkrieche mich in Arbeit. Ich versuche, den Fehler auszubügeln, ehe ihn einer entdeckt. Ich mache mir wie Adam einen Schurz. Aber ich merke schnell, dass ich vor Gott nicht davonlaufen kann. Er holt mich immer wieder ein. Er hat Jesus in die Welt geschickt, der mir nachläuft, der nicht von meiner Seite geht, der mich sucht: Günther, wo bist du? Adam fürchtete sich vor Gott. Aber Gott hat gesagt: Fürchte dich nicht. Ich habe dich bei deinem Namen gerufen: Günther, wo bist du? Hier bin ich, sende mich!

Fürchte dich nicht!
1 Mos 15,1

Schlaue Menschen haben herausgefunden, dass diese drei Wörter (abgewandelt auch im Plural) 365 mal in der Bibel vorkommen. Einmal für jeden Tag des Jahres schlussfolgert man daraus. Sei's drum.

Zum ersten Mal stehen sie in der Geschichte von Abram. Abram hat schon eine lange Geschichte hinter sich. Nachdem er von Gott in eine ungewisse Zukunft geschickt worden ist, meldet er sich wieder bei ihm. In einer Offenbarung. Und die ersten drei Worte, die Gott an ihn richtet, sind: »Fürchte dich nicht!«. Und Gott begründet auch gleich, warum er sich nicht fürchten soll: »Ich bin dein Schild und dein sehr großer Lohn!« Und dann folgt ein schönes Gespräch zwischen Gott und seinem Diener. Abram versteht nicht so recht, was Gott will. Was meint er mit »großer Lohn«? Er ist traurig, dass er keine Nachkommen hat. Das war ein großes Problem. Aber Gott hilft Abram. Gott verspricht ihm: Du wirst Nachkommen haben. So zahlreich wie die Sterne am Himmel. »Abram glaubte dem Herrn«, heißt es schließlich. Er vertraute Gott.

Manchmal bin ich in einer solchen Situation. Ich bin traurig. Ich weiß nicht mehr weiter. Alles scheint sich zu verfinstern in meinem Leben. Ich weiß, dass mir in solchen Situationen das »Fürchte dich nicht!« gesagt wird. Von Gott. Von dem Gott, der Jesus in die Welt gesandt hat. Und der hat selbst erfahren, was Furcht ist. »Fürchte dich nicht!« wird mir gesagt. Kann ich darauf vertrauen wie Abram? Es ist nicht immer leicht. Aber ich habe in meinem Leben schon so viele Situationen erlebt, in denen ich gespürt habe: Ich brauche keine Angst zu haben. Und wenn ich doch Angst habe, hat das auch etwas mit meinem Kleinglauben zu tun. Abram glaubte dem Herrn. Ich will gern versuchen, es nachzubuchstabieren

Wo ist Sara?
1 Mos 18,9

Abram heißt nicht mehr Abram, sondern Abraham. Ist das so wichtig? Für Gott schon. Und für Abraham auch. Gott hat etwas vor mit dem Neunundneunzigjährigen. Er will ihn zum Vater vieler Völker machen. Darum schließt er einen Bund mit ihm.

Abraham lebt inzwischen mit seiner Sippschaft im Hain Mamre. In der Nähe von Hebron. Im Westjordanland. Es ist der erste feste Wohnsitz, nachdem er sich auf den Bund mit Gott eingelassen hat. An einem heißen Tag sitzt Abraham vor seinem Zelt, als ihm Gott erscheint. Er erscheint in der Gestalt von drei Männern. Abraham strotzt vor Gastfreundschaft. Er bewirtet die drei Männer. Es macht ihm offenbar Freude. Mittendrin, beim Essen, fragen die drei Männer nach Abrahams Frau: »Wo ist Sara?« Ein scheinbar nebensächlicher Satz. Aber Abraham ist freundlich und antwortet: »Drinnen im Zelt.« Aber die Frage ist nicht nebensächlich. Wenn Gott Fragen stellt, sind die nicht nebensächlich. Gott will nämlich seine Verheißung wahrmachen, dass Abraham und Sara Nachkommen haben sollen. Sie aber kann nicht glauben, dass Gott, der Allmächtige, der Schöpfer des Himmels und der Erde, dafür sorgen kann, dass die Gesetze der Natur durchbrochen werden. Sie ist alt. Und Abraham ist auch alt. Wie soll das gehen mit dem Kinderkriegen? Aber »sollte dem Herrn etwas unmöglich sein?«, so fragt Gott. Die Frage kann man nur im Glauben beantworten. So wie man das »geboren von der Jungfrau Maria« nur im Glauben sprechen kann.

Wo ist Sara? Sara ist überall da, wo wir nicht bereit sind, uns auf Gott einzulassen, an seine Allmacht zu glauben. An Abraham und Sara hat sich schließlich gezeigt, dass Gott nichts unmöglich ist.

Trinke, mein Herr!
1 Mos 24,18

Natürlich sagt meine Frau diesen Satz nicht zu mir. Das wäre ja noch schöner. Die Sprache der Bibel ist eine besondere. Man muss sie einordnen in die jeweilige Zeit. Rebekka, eine weitläufige Verwandte von Abraham, lebt in Nahor, einer Stadt in Mesopotamien. Hierhin hat Abraham den ältesten Knecht seines Hauses geschickt. Er soll für seinen Sohn Isaak eine Frau suchen. Keine fremde Frau. Keine von den Kanaanitern. Sondern eine aus dem eigenen Volk. Darüber kann man lange nachdenken in einer Zeit, in der die Völker zusammenwachsen. Jedenfalls trifft der Knecht in der Nähe von Nahor ein Mädchen, ein schönes Mädchen, eine Jungfrau. Das ist für den Verfasser des Genesisbuches nicht unwichtig. Auch wenn die meisten müde darüber lächeln. Das Mädchen will am Brunnen vor dem Tore Wasser holen. Und der Knecht hat Durst. Er bittet Rebekka um einen Schluck Wasser. »Trinke, mein Herr!« erwidert sie. Die Geschichte zieht sich lange hin. Am Ende folgt Rebekka dem Knecht und zieht mit ihm und dem Gefolge ins Westjordanland. Sie wird Isaaks Frau.

Trinke, mein Herr!" - Das können wir bis in unsere Tage durchbuchstabieren. Die Bibel ist voll von Geschichten, in denen Gastfreundschaft eine große Rolle spielt. Wenn ich zu meinen persischen Freunden komme, ist eine der ersten Fragen von Maryam immer: »Tee, Günther?« Und ich begreife: Es ist nicht einfach nur ein Ritual. Es ist Gastfreundschaft pur. Du bist mir willkommen. Ich will mich auf dich einlassen. Ich will dich in mein Leben reinlassen.

Und es hat auch etwas mit dem Trinken am Tisch des Herrn zu tun. Im Abendmahl erfahren wir die Gastfreundschaft Gottes pur. Und all die Gastfreundschaften unseres Lebens sind ein kleiner Vorgeschmack auf Gottes große Gastfreundschaft in seinem Reich.

Vergießt nicht Blut!

1 Mos 37,22

Eine der dramatischsten Familiengeschichten des Alten Testamentes nimmt ihren Lauf. Es ist die Geschichte von Josef und seinen Brüdern. Die Geschichte ist sehr breit angelegt. Josef, einer der zwölf Söhne von Jakob, war ein Träumer. Er erzählt seine Träume. Aber das kommt bei seinen Brüdern nicht gut an. Sie vermuten, dass er sich damit über sie erheben will, dass er meint, etwas Besseres zu sein. Das können sie nicht ertragen. Also schmieden sie einen Plan. Sie wollen ihren Bruder töten und in eine Grube werfen und wollen sagen, ein Raubtier habe ihn gefressen. Ruben, der älteste der Brüder, sperrt sich gegen den Plan. Er will Josef retten. »Vergießt nicht Blut«, sagt er

Einer ist da, der setzt sich für seinen Bruder ein. Einer von elf Brüdern. Das ist nicht viel. Wenn ich die Geschichte lese, denke ich unwillkürlich an einen Träumer des 20. Jahrhunderts, an Pfarrer Martin Luther King. In seiner großen Traumrede vom 28. August 1963 hat er in Washington ein Bild von einer friedlichen Welt gezeichnet. »Vergießt nicht Blut«, das war sein Lebensmotto. Er steht in der Tradition von Ruben. Josef ist später nach langer Zeit errettet worden. Martin Luther King, der Bürgerrechtler der USA, wurde 1968 ermordet. Blut wurde vergossen im Kampf um die Gerechtigkeit.

Vielleicht sollte man eine »Aktion Ruben« ins Leben rufen. Eine Aktion, die Behinderte schützt und Andersgläubige, ungeborene Kinder im Mutterleib und Hungernde. Es gibt so viele Felder in der Welt, auf denen getötet wird, auf denen Blut vergossen wird, egal ob schuldiges oder unschuldiges Blut. Was heißt das schon. Die Aktion könnte ein großer Einsatz für Schwestern und Brüder sein. Ob sie nun träumen oder nicht. Vergießt nicht Blut, bleibt ein gutes Lebensmotto. Für Christen sowieso.

Beladet eure Tiere!
1 Mos 45,17

Das sagt der Pharao zu Josef. Der starke Mann aus Ägypten zu dem kleinen Mann aus der Jakobsfamilie des Hauses Israel. Josef ist als Sklave verkauft worden nach Ägypten. Seine Brüder spielen dabei eine unrühmliche Rolle. Thomas Mann beschreibt das in seinem Roman »Josef und seine Brüder« meisterlich. Josef hat es nicht schlecht in Ägypten. Erst ist er zwar im Gefängnis. Aber auch dort wirkt sich der Beistand Gottes aus. In kurzer Zeit rückt Josef in eine verantwortliche Stellung am Hof des Pharao auf. Er wirkt unter anderem als Traumdeuter für den Pharao. Im Laufe der Jahre werden Josefs Brüder hart geängstigt. Mehrfach reisen sie nach Ägypten. Erst später gibt er sich seinen Brüdern zu erkennen. Er ist der, den sie nach Ägypten verkauft haben. Es ist eine lange Geschichte, in der alle menschlichen Irrungen und Verfehlungen zu Tage treten. Aber über alledem hinweg verfolgt Gott sein Ziel, die Familie zu erhalten. Schließlich ist sie Trägerin der Verheißung an den Urvater Abraham. Der Pharao hat ein Einsehen. Er hat so gute Erfahrungen mit Josef gemacht, über die dann im 1. Mosebuch berichtet wird, dass »es dem Pharao« »und allen seinen Großen« gut gefallen hat. Er will Josefs Brüdern einen besonders fruchtbaren Landstrich zuweisen. Darum sagt er zu ihnen: Beladet eure Tiere. Mitten in aller Ungewissheit greift Gott ein. Der mächtige Pharao ist Gottes Werkzeug.

Gibt es solche Erfahrungen nicht auch heute noch? Da vermutet man gar nicht, dass einem aus einer Not geholfen wird. Aber dann ist plötzlich jemand da, der sagt: »Beladet eure Tiere!« Dann ist plötzlich jemand da, der sagt: Mach dich auf den Weg. Gott ist mit dir. Er lässt dich nicht allein. - Josef gibt seinen Brüdern dann noch einen guten Rat mit auf den Weg: »Zanket nicht auf dem Wege!« Aber das ist ein neues Thema.

Aber Josef weinte.
1 Mos 50,17

Josef ist enttäuscht. Jakob, sein Vater, ist gestorben. Nach ägyptischer Sitte wird er einbalsamiert. Siebzig Tage lang beweinen ihn die Ägypter. Als Josefs Vater hatte Jakob eine hohe Achtung bei ihnen. Ein großer Trauerzug setzt sich in Bewegung, um Jakob auf seinem letzten irdischen Weg zu begleiten. Jakob wird in Israel begraben. So findet die Jakobsgeschichte ihren Abschluss: Der Patriarch ist mit seinen Vätern vereinigt. Er ist aus der Fremde heimgekehrt in das immer noch fremde Land der Verheißung. Josef und seine Brüder ziehen nach Ägypten zurück. Hier macht Josef eine schlechte Erfahrung. Er spürt, dass ihm nach der rückhaltlosen Versöhnung seine Brüder immer noch misstrauen. Sie haben Angst vor ihrem Bruder. Er könnte ihnen gram sein. Er könnte das Unrecht, das sie ihm angetan haben, wieder »aufrufen«. Und sie sagen ihm das direkt ins Gesicht: Das schmerzt Josef tief. Und der Geschichtsschreiber notiert: »Aber Josef weinte.«

Hat sich da so viel geändert im Laufe der Jahrhunderte? Ist diese Geschichte nicht hochaktuell? Immer wieder kramen wir die alten Sachen hervor. Überall. In der Politik und in der Kirche. In den Medien und im Privaten. Entweder können wir nicht vergessen, oder wir haben ein ungezügeltes Misstrauen gegenüber Menschen, die uns die Versöhnung angeboten haben. Ich verstehe, dass Menschen, die es gut mit uns meinen, enttäuscht sind, wenn wir immer wieder die alten, schon längst erledigten Geschichten hervorholen. Wenn wir ständig unseren Mitmenschen das »aufs Brot schmieren«, was einmal zwischen uns und ihnen gestanden hat. - Als Christen haben wir einen guten Grund, uns anders zu verhalten. Wir strecken die Hand zur Versöhnung aus. Und sorgen dafür, dass es von dem, dem wir die Versöhnung anbieten, nicht heißen muss: Aber Josef weinte.

Er sprach: Morgen.
2 Mos 8,6

Er, der Pharao von Ägypten, wendet sich an Mose und seinen Bruder Aaron. Gott hatte wegen der Widerborstigkeit des Pharao eine schreckliche Plage über das ganze Land Ägypten kommen lassen, eine Froschplage. Ganz Ägypten war bedeckt mit Fröschen. Warum hatte Gott das getan? Weil der Pharao sich erneut geweigert hatte, Mose und sein Volk in die Heimat ziehen zu lassen. Jetzt sind die Frösche da und der Pharao lässt Mose und Aaron rufen. Er bittet die beiden, zu Gott zu beten, die Frösche wieder wegzunehmen. Mose will wissen, wann er Gott bitten soll, die Frösche zu vertilgen. Und er sprach: Morgen. Mose tut ihm den Gefallen. Die Frösche verschwinden. Und der Pharao bekommt sofort wieder Oberwasser. Was kümmert mich mein Geschwätz von gestern? Er lässt das Volk nicht ziehen. Die Folge: Plage 3, Stechmücken, kommt.

Man muss die Geschichte im zweiten Mosebuch andauernd weiterlesen. Die Dramatik zerreißt einen fast. Und die Sturheit des Pharao ist nicht zu begreifen. Er kostet seine Macht aus zu Lasten seines Volkes. Das leidet unter seinen Machenschaften. Er sprach: Morgen. Mose hält sich an die Verabredung. Aber als die Frösche weg sind, ist der Pharao wieder oben auf.

Kann man sich auf uns verlassen? Jeder muss sich selbst prüfen. Sind wir wie Mose, der sich einsetzt für die gute Sache, der auf Gottes Seite steht, der Schaden vom Volk abwenden will? Oder sind wir wie der Pharao, der, wenn es ihm wieder gut geht, nichts mehr davon wissen will, dass er dem Volk die Freiheit zurückgeben will. - Naja, so dramatische Entscheidungen gibt es bei uns ja nicht gleich. Aber man kann darüber nachdenken und es runterbrechen in den ganz normalen Alltag.

Gedenke des Sabbattages.

2 Mos 20,8

Das muss man sich erst einmal deutlich machen: »Und Gott redete alle diese Worte.« Kein anderer. Gott. Er sieht in der Befolgung der Gebote die dankbare Anerkennung und Weitergabe dessen, was er für sein Volk getan hat. »Gedenke des Sabbattages« ist eines der »Zehn Gebote«, die Mose von Gott für sein Volk empfangen hat. Und Gott erinnert an seine Schöpfung. Sechs Tage hat er gearbeitet. Und dann hat er sich einen Tag Ruhe gegönnt. An dem Tag soll keiner arbeiten. Der nicht, der das Gebot hört und auch nicht sein Sohn. Seine Tochter nicht und auch nicht sein Knecht. Seine Magd nicht und auch nicht sein Vieh. Der Fremdling, der bei ihm wohnt, auch nicht. Das Gebot Gottes ist klar. Wie alle seine Gebote.

Was haben wir mit dem Gebot gemacht? Wir Christen verweisen schnell auf jene Geschichte, in der Jesus seinen Jüngern gestattet, am Sabbat Ähren auszuraufen. Und dann sind wir fertig mit dem Gebot. Es wird schon nicht so schlimm sein, wenn wir am Sonntag die Geschäfte öffnen, selbst zur Gottesdienstzeit. Es wird schon nicht so schlimm sein, wenn wir am Sonntag nicht zum Gottesdienst gehen. Es wird schon nicht so schlimm sein ... Wir haben doch Jesus auf unserer Seite. Der steht doch über den Geboten. Der weiß es doch. Gut so.

Mein Vorschlag: Bei der nächsten Bibelrevision streichen wir das Gebot aus unserer Bibel und aus dem Kanon der »Zehn Gebote«. Das erleichtert das Leben sehr. Das gibt uns die Freiheit, nicht mehr zur Ruhe kommen zu müssen. Dann können wir nur noch schaffen. Ich verstehe ehrlich gesagt den allmächtigen Gott nicht, dass er das bei der Abfassung seiner Gebote nicht gewusst hat, dass wir heute global gezwungen sind, sonntags zu arbeiten. Das hätte er doch wissen müssen. Hat er ja auch.

Heilig dem HERRN!
2 Mos 28,36

Das zweite Mosebuch ist ein Vorschriftenbuch. Im Zentrum des Buches stehen die »Zehn Gebote«. Sie sind nicht dazu gedacht, die menschliche Freiheit zu beschränken, sondern sind eine Gabe Gottes, das kostbare Gut des Lebens in Freiheit zu sichern. Aber im zweiten Mosebuch werden auch Kleinigkeiten geregelt: Wie der Brandopferaltar auszusehen hat, welches Öl man für den Leuchter der Stiftshütte verwendet, wie der Vorhof zum Tempel gestaltet werden soll. Und eben auch, wie die Kleidung der Priester beschaffen sein soll. Die Kleidung der katholischen Priester lässt noch ein wenig erahnen, wie es im Alten Testament gemeint war. Die Kleidung der Pfarrerinnen und Pfarrer in der evangelischen Kirche ist da eher von einer nichtalttestamentlichen Schlichtheit.

Jedenfalls war damals geregelt, dass die Priester ein Stirnband tragen sollten aus feinem Gold, in dem die Worte »Heilig dem HERRN« eingraviert waren, »dass sie wohlgefällig seien vor dem HERRN. Darum also hat Gott diese Vorschrift gemacht. Eine Erinnerung: Wenn ich den Dienst als Priester wahrnehme, dann kommt es nicht nur auf äußere Kleidung an. Dann ist eine innere Haltung wichtig. Und die gipfelt in dem Bekenntnis »Heilig dem HERRN.«

Heute wird immer weniger Wert auf Äußerlichkeiten gelegt. Liturgische Kleidung bietet ein buntes und uneinheitliches Bild in der Kirche. Mag sein, dass es darauf auch gar nicht ankommt. Viel wichtiger ist, dass man es im Herzen trägt: »Heilig dem HERRN!« Und weil wir so gern vom allgemeinen Priestertum der Glaubenden sprechen, gilt's nicht nur für das hauptamtliche liturgische Personal: »Heilig dem HERRN!«

Wir kommen nicht!
4 Mos 16,12

Ablehnung. In der Wüste gibt es Aufruhr gegen den Führer des Volkes. Gegen Mose. Sie rotten sich zusammen gegen Mose und seinen Bruder Aaron. Sie, die sich dort zusammenrotten, nennt man die »Rotte Korach«. Mose führt ein Streitgespräch mit dem Führer der Rotte, mit Korach. Man meint, Mose erhebt sich über die Gemeinde. Er will mehr sein. Er will etwas besseres sein. Es geht um einen geistlichen Dienst. Die Leviten, die sich bei ihrem Dienst am Heiligtum in gewisser Weise Gott nahen dürfen, wollen nicht nur Tempeldiener sein. Sie wollen zum Priestertum zugelassen werden. Mose geht darauf ein. Sie sollen sich dem Gottesurteil stellen. Sie sollen dem Herrn ein Weihrauchopfer bringen. Dann wird man sehen, ob Gott das Opfer annimmt. Zwei aus der Rotte Korach, Datan und Abiram, ruft Mose zum Opfer. Aber sie lehnen ab: Wir kommen nicht! Und sie begründen das auch: Sie haben schon so viel mitgemacht in der Wüste. Irgendwann schickt es. Wir kommen nicht. Basta!

Auch wir haben unsere festen Vorstellungen, wie etwas laufen muss. Auch im Leben als Christen. Auch im Leben der christlichen Gemeinde. Und wenn dann nicht alles so läuft, wie wir es wollen, machen wir einfach nicht mit. Wenn die Dinge nicht so laufen, wie wir das wollen, sind wir beleidigt und ziehen uns zurück. Oder wir rotten uns zusammen gegenüber denen, die die Gemeinde leiten. Wir empören uns.

Wie gut, dass wir als Christen über den Dingen stehen können. Denn wir haben Jesus, der uns Vergebung zugesagt hat. Und es wäre fatal, wenn wir auf Jesu Ruf zur Nachfolge antworten würden wie die zwei aus der Rotte Korach: Wir kommen nicht!

(*)

Ich will singen.
Ri 5,3

Das ist der Start zu einem wunderbaren Duett. Das Duett ist ein Siegeslied. Ich will einmal dahingestellt sein lassen, dass es Hinweise darauf gibt, dass das Lied Deborah und Barak in den Mund gelegt wurde. Ein Duett ist es in jedem Fall. Und schön ist es auch. Das Lied ist ein Siegeslied auf die Entscheidungsschlacht in der Jesreel-Ebene, in der sich nord- und mittelpalästinensische Stämme vereinen. Der Gott Israels wird zu Beginn des Liedes lobpreisend angerufen: »Lobet den Herrn!« Er ist der eigentlich Handelnde, vor dem sich sogar die kosmischen Kräfte beugen. »Ich will singen« heißt es dann in der zweiten Strophe.

Der Anlass des Liedes ist aus heutiger Sicht problematisch: nach einem Krieg ein Siegeslied anzustimmen. Damals, zur Zeit der Richter, also so im 11. oder 12. Jahrhundert vor Christus, war das ganz normal. Es ging dem Volk darum, dass Gott für seinen Beistand gepriesen wird. Man dürfte viele der Psalmen nicht mehr beten, wenn man sich auf das Gleis dieser Engführung begäbe.

Denn im Ergebnis geht es ja um etwas Positives. Es geht um das Lob Gottes. Und das kommt am schönsten mit schönen Texten und schönen Melodien zum Tragen. Manfred Siebald, ein Liederdichter des 20. / 21. Jahrhunderts, hat es in einem seiner Lieder auf den Punkt gebracht: »Singt das Lied der Lieder von dem Herrn der Herren, gebt ihm eure schönsten Melodien«. Ich denke, genau darum geht es auch Deborah und Barak: mit der Musik die Größe Gottes deutlich machen. Und klar ist: Das macht man am besten mit anderen. Deborah mit Barak. Und du mit wem? Egal: Ich will singen. Das ist auf jeden Fall dran - zum Lob Gottes.

Wie heißt du?
Ri 13,17

In Zora lebte ein Mann. Er hieß Manoach. Er und seine Frau, deren Name unbekannt ist, litten darunter, dass sie keine Kinder bekommen konnten. Die Frau war unfruchtbar. Eines Tages erschien der Frau ein Engel des HERRN, und der verheißt der Frau des Manoach, dass sie einen Sohn bekommen wird. Gott hilft ihr heraus aus ihrer Not. Das alles kann aber nur klappen, wenn die Frau nicht tut, wovor sie der Engel warnt: Wein oder Schnaps zu trinken oder was Unreines zu essen. Die Frau erzählt das alles ihrem Mann. Der freut sich wie seine Frau. Und der will sich dem Mann Gottes dankbar erweisen. Und dazu braucht er offenbar auch seinen Namen. Wie heißt du? Aber der Engel hat einen geheimnisvollen Namen. Den gibt er nicht preis. Manoach scheint sich damit zufrieden zu geben. Er bohrt nicht weiter nach. Er und seine Frau bekommen ein Kind: Simson. Der hat später ein sehr bewegtes Leben. Aber das spielt jetzt noch keine Rolle. Wie heißt du? Ich kann das Interesse des Manoach verstehen. Ich kann verstehen, dass er sein Gegenüber mit Namen anreden will. Obwohl es doch darauf gar nicht ankommt.

Wir leben in einer Zeit großer Anonymität. Im Internet werden Phantasienamen gebraucht, unter denen man anderen seine Meinung sagen kann. Und da ist es gut, wenn man manchmal nicht weiß, wer dahintersteckt.

Dass der Engel des HERRN seinen Namen nicht sagt, hat einen ganz anderen Grund. Der Name würde dann plötzlich vor dem Namen Gottes stehen. Und das geht ja nun überhaupt nicht. Gott allein die Ehre, das gilt nicht nur in der Musik. Das ist ein Satz für musikalische und unmusikalische Christen. Wie heißt du? »Engel des HERRN« ist völlig ausreichend. Wie heißt du? Ein Kind Gottes. Das genügt.

Warum weinst du?

1 Sam 1,8

Eine alte Frage. Eine seelsorgerliche Frage. Oft ist die Frage nur rhetorisch. Oft liegt es auf der Hand, warum jemand weint. Auch hier im ersten Samuelbuch. Hier fragt Elkana seine Frau Hanna, warum sie weint. Aber das ist nur die »halbe Wahrheit«. Elkana hatte nämlich zwei Frauen: Hanna und Peninna. Und daran macht sich ein Problem fest. Peninna hatte Kinder und Hanna keine. Einmal im Jahr ging Elkana zum Heiligtum nach Silo, um zu opfern. Die Familie von Elkana war ein Beispiel für altisraelitische Frömmigkeit. Sie wallfahrtet jährlich zum Heiligtum. Elkana liebte Hanna. Und das spürte Peninna. Sie kränkte Hanna. Sie reizte sie. Warum? Hanna bekam keine Kinder. Aber Peninna hatte Söhne und Töchter. Die Kränkungen dauerten viele Jahre. Und Hanna war traurig. Sie aß nichts. Sie weinte nur noch. Sie war, wie sie selber sagte, ein betrübtes Weib. In ihrer Not wendet sie sich an Gott. Und der erhört sie. Der schenkt ihr einen Sohn: Samuel. Und dieser Samuel wird ein Leben leben, das ganz im Dienst Gottes steht.

Ende gut, alles gut? Das ist im ersten Samuelbuch ja alles sehr knapp beschrieben. Aber es ist eine zeitlich sehr lange Geschichte: »Warum weinst du?«, das war ja nicht nur eine kurz gedachte Frage. Das war eine tiefe Frage. Wahrscheinlich wurde sie jedes Jahr neu und Hanna immer wieder auf die Probe gestellt. Im Gebet hat sie das alles ertragen und getragen und Gott geklagt. Und der hat ihr Gebet erhört. In dem schönen Lobgesang, der sich dem Bericht von Hannas Gebet und Samuels Geburt anschließt, heißt es dann: »Mein Herz ist fröhlich in dem Herrn!« Und sie weiß und bekennt: »Der HERR macht arm und macht reich; er erniedrigt und erhöht.« Und er macht auch dem Weinen ein Ende.

Es ist genug.
1 Könige 19,4

Elia, der Prophet, fürchtet sich. Er flieht vor Isebel, der Königin von Israel. Die hatte sich von Gott ab- und anderen Göttern zugewandt. Elia hatte Ahab, dem König, das Gottesurteil übermittelt und seinen Vollzug bewirkt. Isebel zeigt sich als die eigentliche Gegenspielerin des Propheten. Auf den Triumph auf dem Berg Karmel, wo Gott seine Macht demonstriert, folgt für den Propheten die Verlassenheit in der Wüste. Elia ist erschöpft. Er ist völlig verzweifelt. Im Kampf gegen die fremden Götter hat er nicht mehr erreicht als seine Vorgänger. Er hat Angst vor dem Leben. Er ist seines Lebens überdrüssig. Er legt sich unter einen Ginsterbusch und betet. Er bittet Gott, wie Paul Gerhardt einmal gebetet hat: »Mach End, o Herr, mach Ende mit aller unsrer Not.« Er sagt es anders: »Es ist genug. Nimm meine Seele. Lass mich sterben.« Gott erfüllt seinem Diener jetzt die Bitte noch nicht. Er hat noch weitere Aufträge für ihn.

Es ist genug - ist das nicht auch für viele, die in ihrer Krankheit versinken, die große Bitte an Gott? Die Frau, die vor Schmerzen nicht mehr einschlafen kann, die alles erreicht hat, was sie erreichen konnte, die ihr Leben gelebt hat, die betet doch auch: Es ist genug. So nimm nun, Herr, meine Seele.

Es ist genug. Das sagt Jesus seinen Jüngern im Garten Gethsemane, als die immer wieder einschlafen und nicht wahrhaben wollen, dass Jesu Stunde gekommen ist. Aber: Sowohl beim Propheten Elia, wie auch bei Jesus, liegt es in Gottes Hand, ob die Stunde des Todes schnell oder langsam kommt. »Und da wir nicht wissen, ob unsere Tage auf Erden viele oder wenige sind«, beten wir im Sterbegebet unserer Kirche. Es liegt in Gottes Hand. Er entscheidet, wann es genug ist. Das war für Elia schwer zu verstehen. Für Jesus auch. Und für uns schon lange.

Und Elia ging.
2 Kön 1,4

Elia, der Prophet, lässt sich nicht lange bitten. Es geht um eine beinahe banale Geschichte. Der König von Israel, Ahasja, hat sich verletzt. Er war aus seinem Obergemach durch ein Gitter gestürzt. Und er hat Sorge, ob er sich von dieser Krankheit wieder erholt. Er schickt Boten zu dem Gott von Ekron, einem Gott, der von den Menschen verehrt wurde. In dieser Situation kommen der Engel des HERRN und der Prophet Elia ins Spiel. Elia bekommt einen klaren Auftrag. Er soll den Boten des Königs entgegengehen und sie darauf aufmerksam machen, dass der König nur dann von seiner Krankheit genesen wird, wenn er Gott, dem HERRN vertraut. Sonst soll er des Todes sterben.

Elia lässt sich nicht lange bitten. »Und Elia ging«, heißt es kurz und knapp. Dabei war der Auftrag, den er auszuführen hatte, alles andere als angenehm. Er muss dem König mitteilen, dass er sterben wird. Er muss sterben, weil er dem Gott des Volkes Israel nicht vertraut hat.

Wie ist das mit uns, wenn wir unangenehme Wahrheiten zu verkünden haben? Ich erinnere mich an das Jahr 1973. Drei junge Frauen in meiner Gemeinde waren bei einem Verkehrsunfall tödlich verletzt worden. Sie wohnten alle in einer Wohngegend. Der Pfarrer sollte an jenem Abend die Todesnachricht überbringen. Dreimal: »Ihre Tochter ist gestorben.« Seit diesem Abend ist meine Hochachtung vor dem Amt der Pfarrer sehr gewachsen. Pfarrer Schäfer hat sich nicht lange bitten lassen. Er hat im Vertrauen auf Gottes Beistand seinen schweren Dienst wahrgenommen. Er ging hin. - Ich weiß selbst von mir, dass ich mich meist drücke, wenn ich jemandem etwas Unangenehmes sagen muss. Ich will mich künftig mehr an Elia und Pfarrer Schäfer erinnern und hingehen. Gott ist doch an meiner Seite.

Herr, wie lange?
Ps 6,4

Den sechsten Psalm bezeichnet man als den ersten Bußpsalm. Es ist schon in sehr früher Zeit bezeugt, dass die christliche Gemeinde diesen Psalm als Bußpsalm verwendet hat. Und es erstaunt schon, dass gerade dieser Psalm nicht im Katalog der Psalmen verzeichnet ist, die am Sonntag in den evangelischen Gottesdiensten gebetet werden sollen. In der katholischen Kirche werden die sieben Bußpsalmen, also auch der sechste Psalm, seit dem 12. Jahrhundert in der Fastenzeit gebetet. Und Martin Luthers erste gedruckte Schrift war in 1517 eine Auslegung dieser Psalmen. Sollten wir uns nicht auch heute noch diese Psalmen zu eigen machen? Zu unserem Gebet werden lassen? Zu unserem Gebet in unserer Not?

Der Beter des Psalms ist krank. Er fühlt sich dem Tod nahe. Er fühlt sich nicht nur körperlich krank. Er ist auch seelisch krank. Und er sieht das so, wie man das früher eben sah: Die Krankheit ist ein Zeichen göttlichen Zorns. Und in seiner Not kann er nicht anders als zu Gott zu rufen: »Ach, du, Herr, wie lange!« Wie lange soll ich mich noch quälen? Wie lange soll das mit meiner Krankheit noch weitergehen? Willst du mich nicht endlich wieder gesund machen?

Die Psalmen, gerade auch die Bußpsalmen, zeigen uns ja, dass wir Gott in den Ohren liegen dürfen mit unseren Nöten. So wie Jesus Gott in den Ohren gelegen hat mit seinem »Mein Gott, mein Gott, warum hast du mich verlassen?« In dieser »Tradition« dürfen wir mit Gott reden. Mit Gott hadern. An ihm zweifeln. Und darauf vertrauen, wie es am Ende des sechsten Psalms steht: »Der Herr hört mein Flehen; mein Gebet nimmt der Herr an.« Ob der Psalmbeter die Hilfe Gottes erfahren hat, bleibt freilich offen.

Harre des HERRN!
Ps 27,14

Zu den Liedern, die meines Erachtens viel zu selten gesungen werden, gehört »Harre meine Seele«. In den 1960er und 1970er Jahren war es noch der »Schlager« bei goldenen Konfirmationen. Mit dem Posaunenchor haben wir es bei jedem Jubiläumsgeburtstag geblasen. Aber es ist »out«, auch wenn es im Regionalteil vieler Gesangbücher steht. Das Lied hat seinen Ursprung im 27. Psalm, dem Psalm, der sich mit der Gemeinschaft mit Gott beschäftigt. Da stellt David fest: »Der HERR ist mein Licht und mein Heil. Der HERR ist meines Lebens Kraft.« Und er bittet Gott, dass er ein Leben lang im Haus des Herrn bleiben möge, um teilzuhaben am Gottesdienst. Die Gemeinschaft mit Gott ist ihm wichtig. In aller Verlassenheit der Welt, in allen Anfeindungen, in der Erfahrung von Unrecht ist er zuversichtlich, dass er Gottes Güte schauen wird. Und dann ermuntert er sich: Harre des HERRN.

Das kann ein schönes Programm für ein Leben sein. Denn es geht uns doch ähnlich wie dem Psalmbeter. Vielen von uns bleibt doch auch nichts erspart. Krankheiten machen auch vor Christen nicht Halt. Und: Uns Christen weht schon lange der Wind ins Gesicht. Wer sich gegen die »Ehe für alle« ausspricht, wird als Ewiggestriger bezeichnet und muss mindestens mit Unverständnis rechnen. Wer die Tötung ungeborenen Lebens im Mutterleib wie Dietrich Bonhoeffer in seiner Ethik als Mord bezeichnet, hat mit Anfeindungen zu rechnen. In diesen Situationen ist Ausharren bei Gott oft die einzige Rettung. Oder wie Friedrich Röder dichtet: »Harre meine Seele, harre des Herrn; / alles ihm befehle, hilft er doch so gern. / Sei unverzagt, bald der Morgen naht, / und ein neuer Frühling folgt dem Winter nach. / In allen Stürmen, in aller Not / wird er dich beschirmen, der treue Gott.«

Eile, mir beizustehen!
Ps 38,23

Da ist ein Mensch in großer Sorge. Nennen wir ihn einmal David. Er ist in Sorge wegen seiner Sünden. Er ist in Sorge wegen seiner eigenen Torheit. Er ist in Sorge wegen seiner Krankheit. Er ist unruhig. In seiner Unruhe wendet er sich an Gott. Ihm klagt er sein Leid. Weil er so ist, wie er ist, haben sich seine Verwandten und Freunde von ihm abgewandt. Und es gibt sogar welche, die ergötzen sich an seiner Krankheit. Der Mensch ist in großer Sorge und in persönlicher Not. Wie soll das alles weitergehen? Er zwingt sich selbst, still zu sein, nicht viel zu klagen.

So gezeichnet ist Gott sein Ausweg. Er wartet auf Gott. Er wartet auf eine Antwort von Gott. Er weiß, dass er gesündigt hat. Er weiß aber auch: In seiner Verlassenheit kann ihm Gott eine Hilfe sein. Er kann um Gottes Nähe bitten, um seinen Beistand: Eile, mir beizustehen. Es drängt. Er hat keine Zeit zu verlieren. Das Wort steht im sogenannten dritten Bußpsalm des Psalters. In schwerer Heimsuchung wendet sich ein Mensch an Gott. Er rechnet mit seiner Hilfe. Er rechnet mit seiner Vergebung. Er rechnet mit ihm. Er rechnet damit, dass es eine gute Lösung seiner Probleme gibt. Es bleibt am Ende offen, wie das ausgeht, ob die Bitte Davids erfüllt wird. Aber es bleibt auch das Vertrauen, dass Gott auf die flehentliche Bitte hin helfen kann.

Durch die Psalmen können wir viel lernen. Und wenn es die Beharrlichkeit ist, dieses drängende, dieses »unverschämte Geilen«, wie Jesus einmal im Gleichnis von dem bittenden Freund dessen Beharrlichkeit genannt hat und wie Martin Luther das früher einmal übersetzt hat. Ich bin überzeugt: Gott hält es aus, wenn wir ihn drängen, uns zu helfen.

Warum schläfst du?
Ps 44,22

Hat Gott sein Volk verstoßen? Das ist die Überschrift über diesem Psalm. Anlass für das Klagelied des Volkes ist eine schwere Niederlage, die keinen erkennbaren Grund in einer Schuld des Volkes hatte. Das Volk erinnert sich daran, wie es einmal war. Es denkt daran, wie Gott wunderbar gehandelt hat, als er ihnen das verheißene Land gegeben hat. Aber jetzt ist alles anders. Die Niederlage wirft Fragen auf. Warum? Der Einsatz des Volkes war so hoch. Und die umliegenden Völker werden nicht müde, das Volk auszulachen. Alle Welt singt Spottlieder über das Volk. Jetzt hätte das Volk sagen können: Gott kann uns gestohlen bleiben. Sagt es aber nicht. Es vertraut weiter seinem Gott. Und es fleht ihn an: »Wache auf, HERR! Warum schläfst du?«

Ist das nicht manchmal auch unser Gefühl? Gott ist so weit weg. Er hört nicht mehr zu. Ich bete und bete und bete und Gott reagiert gar nicht. Wir kennen alle solche Situationen. Uns ist ja als Christen sowieso nicht verheißen, dass immer alles glatt geht. Da sind wir im sicheren Westen doch reichlich verwöhnt. Gerade auch das Zeugnis des Neuen Testamentes zeigt uns, dass Verfolgung zum Christsein dazugehört. Und Verfolgung, das ist doch das Gefühl, dass Gott schläft. Das ist doch das Gefühl: Ich bin völlig auf mich allein gestellt.

Das Gefühl kannte Jesus auch. Auch er hatte - am Kreuz auf Golgatha - das Gefühl, dass Gott schläft, mehr noch, dass er ihn sogar verlassen hat. Aber Gott hat durch den Tod Jesu am Kreuz und seine Auferstehung etwas ganz Neues angefangen. Er hat uns ein für allemal den Himmel geöffnet. Er macht auch uns Mut, mit dem Psalmbeter zu beten: Mache dich auf, hilf uns und erlöse uns um deiner Güte Willen.

Lobsinget, lobsinget Gott!
Ps 47,7

In der Stuttgarter Erklärungsbibel lese ich, dass der 47. Psalm zu den Liedern vom Königtum Gottes gehört. Möglicherweise gehörte er ursprünglich zu einem Fest, bei dem die Gemeinde die erwartete Weltherrschaft Gottes als schon angebrochen feierte. Nach jüdischer Überlieferung wurde der Psalm am Neujahrstag gesungen. Für die christliche Gemeinde wurde er zum Himmelfahrtspsalm.

Der Psalm ist voller Musik. Vom Klatschen der Hände ist die Rede und vom fröhlichen Schall, vom Jauchzen und vom Hall der Posaune und eben vom Singen, vom Lobsingen. Die gottesdienstliche Gemeinde wird ermuntert, die Musik in den Gottesdienst einzubringen. Warum? Weil Gott sein Volk nicht allein gelassen hat. Weil Gott sein Volk durch so viele Irrungen und Wirrungen hindurchgeführt hat. Dabei denkt das Volk nicht kurzfristig, sondern langfristig. Denn kurzfristig ist das Volk Gottes doch oft genug auch an Gott verzweifelt, hat Gott verflucht, weil seine Hilfe nicht schnell genug eingetreten ist. Mose hat das bei der Wüstenwanderung oft genug handfest vom Volk erfahren. Aber langfristig denkt das Volk Gottes an die erfahrene Hilfe und hat viel Grund, Gott zu loben mit Herzen, Mund und Händen.

Daraus ist letztlich die Kirchenmusik entstanden, in der so viele Menschen ihre von Gott geschenkten Gaben einbringen. Woche für Woche kommen junge und alte Menschen aller Generationen zusammen. Sie singen und blasen und machen noch manch andere Musik. Sie üben für die Gottesdienste. Sie wollen kein mittelmäßiges Lob in den Gottesdiensten abliefern, sondern Gott ihre schönsten Melodien geben. Damit lobsingen sie, lobsingen sie Gott!

Opfere Gott Dank.
Ps 50,14

Opfern war im alten Bund etwas ganz Normales. Das Volk lebte damit. Die Vorschriften, die im vierten Mosebuch für Brandopfer und Schlachtopfer aufgeschrieben sind, machen deutlich, welche Bedeutung dem Opfer zukam. Davon ist in unseren Tagen nicht mehr viel übrig geblieben. Wir sind dann sehr schnell und sagen: Durch das Opfer, das Jesus am Kreuz für uns gebracht hat, hat es sich ausgeopfert. Das ist bequem. Bestenfalls gibt es in unseren Gemeinden noch das Opfer, das als Kollekte für die Nöte in der Welt eingesammelt und zum Altar gebracht wird. Das ist ein kleines Zeichen, das vom Opferkult des alten Bundes übrig geblieben ist.

Ist also auch das Wort des levitischen Tempelsängers Asaph aus dem 50. Psalm überholt: Opfere Gott Dank? Vielleicht hilft es, wenn wir uns vergegenwärtigen, dass der 50. Psalm sich mit dem rechten Gottesdienst beschäftigt, mit einem Festgottesdienst, in dem sich Gott an sein Volk wendet. Und in diesem Lied macht Gott deutlich, dass ihm das Fleisch von Stieren und das Blut von Böcken egal ist als Opfer. Sondern es ist wichtig, Gott zu danken, auf Gott zu vertrauen, ihn in der Not anzurufen. Wer so handelt, dem verspricht Gott, dass er ihn errettet.

Es tut also Not, Gott zu danken für das, was er an uns tut. Meistens sind unsere Gebete voll mit Bitten. Und die hört sich Gott geduldig an. Aber genauso wichtig ist es, ihm zu danken für so manche Annehmlichkeiten des Lebens. Gott greift nämlich durch sein helfendes und rettendes Handeln immer wieder ein in das Leben der Menschen. Ein Grund für ein Opfer: Opfere Gott Dank!

Hasst das Arge!
Ps 97,10

Es geht im 97. Psalm um die Freude am Königtum Gottes. Es werden Fronten aufgebaut zwischen denen, die Bildern dienen und denen, die Gott dienen. Gott wird gelobt als der höchste über allen Landen. Wenn Gott kommt, werden die Bewohner Jerusalems vor Freude jubeln über das rettende Eingreifen Gottes. Aber dann werden die Menschen dennoch ermahnt. Und es wird eine Bedingung hergestellt. Wer Gott liebt, hasst das Arge, das Böse. Man kann nicht Gott lieben und gleichzeitig Böses im Sinn haben.

Das ist ein schöner Lebensgrundsatz, gerade auch für uns Christen. Und das Leben ist voll von Beispielen. Wer Gott liebt, ist gegen die »Ehe für alle«, weil die biblisch nicht zu begründen ist. Wer Gott liebt, ist gegen die Tötung ungeborenen Lebens im Mutterleib, weil Gott für und nicht gegen das Leben ist. Wer Gott liebt, ist gegen das millionenfache Sterben durch den Hungertod und setzt sich mit seinen Gaben so gut er kann dafür ein, dass dieser Skandal beendet wird. Wer Gott liebt, ist gegen das Beschimpfen des politischen Gegners, weil Jesus gesagt hat: »Liebt eure Feinde.«

Ich will aufhören, das weiter durchzubuchstabieren. Das können alle selbst machen. Wir wissen doch, wo das Arge, das Böse in unserem Leben liegt. Um Gottes Liebe willen: Kämpfen wir dagegen an.

Danket dem HERRN.
Ps 107,1

Zu meinen Lieblingsliedern im Gesangbuch gehört ein inzwischen 200 Jahre altes Lied: EG 333 »Danket dem Herrn«. Ich singe es voller Inbrunst. Und wenn alle sechs Strophen gesungen werden, singe ich mal Sopran, mal Alt, mal Tenor und meistens Bass. Und ich spüre in der Gemeinde: Es geht vielen so wie mir. Das Lied mit seinem einfachen Aufbau wird gern gesungen. Es erinnert an den 107. Psalm. Der Plan ist wahrscheinlich die Einleitung zu einem großen Dankfest. Man könnte meinen, ein Erntedankfest. Verschiedene Gruppen der Festteilnehmer werden jeweils aufgefordert, ihre Dankopfer darzubringen und Gott vor der Gemeinde für die erfahrene Hilfe zu preisen.

Erst einmal ist der Psalm natürlich ein Danklied für das Volk Israel. Das Volk erinnert sich an die Schrecken der Wanderung durch die Wüste und wie Gott es nicht allein gelassen hat. Diesen Dank hat sich das Volk Israel bis in unsere Zeit bewahrt. Noch heute wird in der Passa-Liturgie immer wieder daran erinnert, wie Gott sein Volk geführt hat, durchgetragen hat.

Bin ich auch durch die Wüste geführt worden? Nein, ganz so dramatisch wie beim Volk Israel war das nicht. Aber es gibt doch auch in meinem Leben genug Zeiten, in denen nicht alles glatt geht. In denen ich keine Lust mehr habe, dies oder das zu tun. In denen ich merke, dass meine körperlichen Kräfte schwinden. Aber genauso oft habe ich erfahren, dass Gott mich nicht allein lässt. Das vergesse ich dann meist schnell, wenn es mir wieder gut geht. Und ich muss mich ermahnen: »Vergiss nicht zu danken dem ewigen Herrn, er hat dir viel Gutes getan.« Danket dem HERRN! Nein, ich will es nicht vergessen.

Wünschet Jerusalem Frieden!
Ps 122,6

Das ist der Wunsch in einem alten Wallfahrtslied des Volkes Israel, dem wir uns als Christen nur anschließen können. Der ganze Psalm ist durchzogen von dem Wunsch, dass es Jerusalem gut gehen möge, dass die Menschen in Jerusalem glücklich sein sollen. Alle männlichen Israeliten sollen dreimal jährlich nach Jerusalem zum Heiligtum kommen. Und zu den zahlreiche Wünschen, die man hatte, gehörte auch der Segenswunsch »Wünschet Jerusalem Frieden.« Aus dem Wunsch wird die Freude an der heiligen Stadt deutlich. Dort ist Gott gegenwärtig. Dort will man Gott anbeten.

Auch für Jesus hat Jerusalem eine große Bedeutung. Schon als Zwölfjähriger zieht er mit seinen Eltern nach Jerusalem und begibt sich in den Tempel, hört auf das Wort Gottes und wundert sich, dass seine Eltern nicht verstehen, »dass ich sein muss in dem, was meines Vaters ist«. Dass Jesus später im Zusammenhang mit seiner Gefangennahme über Jerusalem geweint hat und darüber, was die Menschen in Jerusalem so alles gemacht haben, gehört freilich auch zur Stadtgeschichte.

Gerade uns Christen, gerade uns deutschen Christen steht der Wunsch um Frieden für Jerusalem gut an. Für diese seit Anbeginn so stark umkämpfte Stadt. Vielleicht sollte man es sich zur Pflicht machen, an jedem Sonntag in den Gottesdiensten auch für den Frieden in und für Jerusalem zu beten. Auf den persönlichen Gebetskalender gehört's sowieso: Beten für die Stadt, die für den christlichen Glauben eine so zentrale Bedeutung hat. Beten für den Frieden im heiligen Land.

Züchtige deinen Sohn.
Spr 19,18

Na ja, da ist der Aufschrei groß heutzutage. Das kann man ja nicht ernsthaft wollen. Der Satz geht in der Luther-Bibel noch ein bisschen weiter: »... solange noch Hoffnung da ist.« Es wird immer schlimmer. Und das steht in den Sprüchen Salomos. Das sind Zeugnisse einer Lebensweisheit, deren Kenntnis und Überlieferung Israel mit seinen Nachbarvölkern verbindet.

Nun wissen wir - nicht erst nach den bekanntgewordenen Missbrauchsskandalen der jüngeren Geschichte -, dass körperliche Züchtigungen ein fragwürdiges Erziehungsmittel sind. Die Worte der Sprüche sind 3000 Jahre alt. Damals sah man es als notwenig an, einen jungen Menschen zu züchtigen, um ihn vor lebensgefährlichen Verirrungen zu bewahren. Heute kennen wir andere Erziehungsmittel. »Züchtige deinen Sohn« - das heißt doch heute in jedem Fall: Halte ihn wenigstens an, bestimmte Normen im Leben einzuhalten. Zeige ihm diese Normen auf. Zeige ihm auf, welches die Grundlagen des Glaubens sind. Führe ihn zu Jesus. Führe ihn zu dem, der das Licht der Welt ist. Und der Weg. Und die Wahrheit. Und das Leben. Solche »Züchtigung« ist in jedem Fall hilfreich. Immer wieder neu. Das ist eine schöne Aufgabe in der Erziehung der Kinder oder auch der Patenkinder.

Ich sag's ganz persönlich: Ich will meiner Patentochter Armina mehr erzählen von Jesus. Ich will ihr so erzählen von Jesus, dass sie später einmal sagen kann: Ja, das habe ich gehört. Ja, das will ich versuchen, dem nachzufolgen, der für meinen Patenonkel eine so große Bedeutung hat. Wenn mir diese »Züchtigung« gelänge, wäre das eine Umsetzung der Zusage, die ich bei der Taufe gegeben habe: Armina zu helfen, Gott und die Menschen zu lieben.

Wer hat Klagen?

Spr 23,29

In einer ersten Spruchsammlung der Weisen wird diese Frage aufgeworfen. Es ist eine von sechs Fragen, die hintereinander gestellt werden. Der gesamte Abschnitt befasst sich mit der verführerischen Kraft und den unangenehmen Wirkungen des Alkohols. Die werden von dem Weisheitslehrer genau erkannt. Da sitzen Menschen lange beim Wein, saufen aus, was eingeschenkt ist. Das ist zunächst alles wunderbar. Der Wein »geht glatt ein«, weil er so schön rot im Glase steht. Aber dann »beißt er wie eine Schlange und sticht wie eine Otter«. Die Augen sehen seltsame Dinge. Man redet wirres Zeug. Man kriegt nichts mehr mit von dem, was um einen herum passiert. Man liegt in der Ecke und merkt nicht, wie andere sich über einen lustig machen. Warum beschreibt der Autor das so genau? Weil er seinem Schüler selbstverschuldete Folgen ersparen will.

In der Suchtberatung weiß man ein Lied davon zu singen. Man weiß, wie viele es gibt, die sich kaputt saufen und aus dem Kreislauf nicht mehr herauskommen. Darum ist es wichtig, dass wir als Christen Vorbilder sind. Ich habe einen Mitarbeiter bei der Männerarbeit gekannt, der hat einen alkoholkranken Mann betreut. Und im Zuge dieser Betreuung hat er sich entschieden, selbst auch auf jeden Alkohol zu verzichten. Er hatte vorher immer gern am Abend mal ein Glas Rotwein getrunken. Aber er hat es von heute auf morgen bleiben lassen. Er wollte ein gutes Beispiel sein. In der Diakonie unserer Kirche gibt es die segensreiche Einrichtung »Blaues Kreuz«. Menschen, die alkoholkrank sind, treffen sich und tauschen sich aus, weil sie wissen: Der Alkohol ist verführerisch und »Ein Gläschen macht nichts« kann so gefährlich sein. »Wer hat Klagen?« Die Frage muss man stellen. Sie ist der Beginn zur Umkehr. Sie ist der Start in ein neues Leben, frei von der Sucht. Es bleibt schwer genug. Aber diesen ersten Schritt muss man gehen.

Du bist schön.
Hld 6,4

Klar, dass dieser Satz im Hohelied Salomos steht. In dieser kleinen Schrift mit einer Sammlung von Liebesliedern. Die Liebe zwischen Mann und Frau wird als ein Gottesgeschenk angesehen. Und darum darf ein solches Liebeslied auch in der Bibel vorkommen. Man muss das kurze Buch von vorne bis hinten lesen. Ich verbinde das Buch auch mit einem frühen Buch von Jörg Zink: »Was bleibt, stiften die Liebenden.« Meisterlich überträgt der Dichter die Sprache der Bibel in heutiges Deutsch.

Du bist schön, das sagt ein Mann zu seiner Frau. Und er vergleicht sie mit Tirza, der Hauptstadt des Nordreiches Israel, schließt aber gleich noch an: »lieblich wie Jerusalem«. Man könnte andauernd weiterlesen. Die Frau wird beschrieben und man hat eine von den geschminkten Damen von »Douglas« vor Augen - womit der Leser auch gleich weiß, in welche Parfümerie meine Frau geht.

Du bist schön. Unklar bleibt, ob die zum Teil sehr erotischen Schilderungen nur die äußeren Schönheitsmerkmale bevorzugen. Es scheint so. Es ist nur von einer Frau ohne Makel die Rede: Schläfen sind wie eine Scheibe vom Granatapfel. Aber da hat wohl jeder seine eigene Sicht. Und: Was ist schon Schönheit? Da sind im Laufe der Menschheitsgeschichte die Ansichten wohl sehr anders geworden. Der eine findet Nasenringe schön, der andere abscheulich. Der eine liebt knallrot geschminkte Lippen, der andere hätte es gern etwas bescheidener. »Es ist alles Geschmackssache«, sprach der Affe und biss in die Seife. So ist das mit der Schönheit. Im hohen Lied der Bibel wird die Schönheit als eine Gabe Gottes angesehen, fernab von allen Beschreibungen, was denn Schönheit eigentlich ist. Dabei will ich es bewenden lassen.

Lernt Gutes tun!
Jes 1,17

Das Volk von Juda hat einen reibungslosen Opferkult. Alles funktioniert gut. Sie halten die Vorschriften genau ein. Brandopfer haben Hochkonjunktur. Und das Volk meint: Das ist der Beweis für ein gutes Verhältnis zu Gott. Der Prophet hat nun die »schöne« Aufgabe, deutlich zu machen, dass das ein Trugschluss ist. Denn das Volk opfert als Ersatz. Als Ersatz für nicht geleisteten Gehorsam gegenüber den Geboten Gottes. Er nennt besonders die sozialen Verpflichtungen, die die Menschen haben. Denn es passt nicht zusammen: Einerseits Gott ehren durch tolle Opfer und andererseits den Unterdrückten nicht helfen, den Waisen nicht helfen, sich nicht für die Witwen einsetzen. Das lässt sich Gott nicht bieten. Darum: Lernt Gutes tun.

Es ist ja wirklich einfacher, jeden Sonntag zum Gottesdienst zu gehen, eine schöne Predigt zu hören, zu singen, zu beten, zu opfern - unterschiedlich stark, je nachdem, was die Gemeindeleitung für wichtig hält, als in der Woche sich mit dem Obdachlosen abzugeben, sich mit dem Flüchtling einzulassen, dem Verzweifelten zuzuhören. Da hat der Prophet schon Recht. Das ist ein weites Lernfeld.

Wie lernen wir das? Am besten, wenn wir in die Bibel schauen. Da gibt es so viele Beispiele, wie einer dem anderen Gutes tut. Die Gleichnisse Jesu sind eine wahre Quelle dafür. Und dann lernt man. Dann übt man. Dann bekommt man offene Ohren und offene Augen und ein weites Herz, Gutes zu tun. Der Schreiber des Hebräerbriefes (13,16) bringt es auf den Punkt: »Gutes zu tun und mit anderen zu teilen vergesst nicht; denn solche Opfer gefallen Gott.« Also, wenn ich dem Nächsten etwas von meinem Geld, von meiner Zeit gebe, das ist ein Opfer, das Gott gefällt. Das muss ich lernen.

Übt Gerechtigkeit.
Jes 56,1

Mit dem 56. Kapitel beginnt der letzte Abschnitt des Jesajabuches. Die Worte des Propheten richten sich nicht mehr an die Verbannten in Babylon, sondern führen in die Zeit nach dem Exil. Es ist die Zeit, in der die ersten Heimkehrergruppen ins Land kommen und beginnen, die Fundamente für den Tempel zu legen. Der letzte Abschnitt beginnt damit, dass Gott besonders hinweist auf den Sabbat. Der ist für das Volk Israel nach der Verbannung besonders wichtig geworden. Die Gemeinde Gottes wird daran erinnert, Gerechtigkeit zu üben.

Wenn ich das Wort Gerechtigkeit höre, fällt mir merkwürdigerweise immer zuerst der erste Bundespräsident der Bundesrepublik Deutschland, Theodor Heuss ein. Er hat 1949 seine Antrittsrede mit einem Wort aus dem Buch der Sprüche beendet: »Gerechtigkeit erhöht ein Volk; aber die Sünde ist der Leute Verderben. (Sprüche 14, 34)« Und die SPD hatte 2017 in ihrem Wahlprogramm zur Bundestagswahl das Thema Gerechtigkeit zu einem Hauptthema gemacht. Ich finde das kleine Wort »üben« besonders wichtig. Mit Gerechtigkeit sind wir nicht fertig. Gerechtigkeit zu schaffen ist ein immerwährender Prozess und bleibt nicht nur für die SPD eine stete Aufgabe.

Und es ist klar, dass sich die christliche Gemeinde an diesem Prozess beteiligt. Denn - um nur ein Beispiel zu nennen - es bleibt doch ein Skandal, dass es in unserem reichen Land überhaupt so etwas wie die Arbeit der Tafeln geben muss. Wir müssten es doch - und wir Christen vorneweg - schaffen, dass kein Mensch um Essen betteln muss. Ich weiß: Wir üben daran. Und wir üben schon so lange daran. Irgendwann müssen wir es doch gelernt haben. Aber solange das noch nicht so weit ist, bleibt's eine Aufgabe: Übt Gerechtigkeit!

Pflüget ein Neues!
Jer 4,3

Gerichtsworte gegen Jerusalem und Juda - so sind die Kapitel 1 bis 29 des Jeremiabuches überschrieben. Jeremia wirkt in den letzten Jahrzehnten vor der Zerstörung Jerusalems im Jahr 587 v. Chr. Er macht das Volk aufmerksam auf fehlende Einsicht und auf Undank und Untreue gegenüber Gott. Das Volk vertraut dem kanaanitischen Fruchtbarkeitsgott Baal mehr als dem Gott, dem es die Befreiung aus der Sklaverei in Ägypten zu verdanken hat. Dann ruft er das Volk zur Umkehr auf. Er macht dem Volk deutlich, dass die Umkehr grundsätzlich sein muss. Nicht oberflächlich. Sondern tiefgreifend im Denken und im Tun. Er gebraucht das Bild des Ackerbaus: Statt nur den Boden leicht aufzuhacken und die Dornen einfach stehen zu lassen, soll der Acker völlig umgepflügt werden. Und dann sagt er noch etwas: Wenn ihr so grundsätzlich umkehrt, dann werdet ihr auch anderen Völkern ein Beispiel sein. Dann werden auch die sich Gott zuwenden.

Pflüget ein Neues! Dieser Ruf zur Umkehr bleibt bestehen. Er ist aus der Bibel nicht wegzudenken. Er gilt über die Zeiten hinweg. Auch uns ruft Jeremia zu: Pflüget ein Neues! Aber wir wissen, dass mit Jesus von Nazareth ein ganz neues Pflügen schon begonnen hat. Das Heil der Welt. Das Reich Gottes ist seitdem mitten unter uns. Und wenn Jeremia von der radikalen Umkehr spricht und davon, dass das Volk Israel ein Beispiel sein soll, dann wissen wir als Christen von Jesus etwas ganz Ähnliches. Jesus hat gesagt, dass wir das Licht der Welt sind. Und dass die Menschen auf uns sehen: wie wir leben, wie wir glauben, wie wir handeln. Auch als Christen sollten wir das »Pflüget ein Neues!« immer wieder für unser Leben durchbuchstabieren. Es lohnt sich, im und für das Reich Gottes zu pflügen.

Mache dir Fluchtgepäck.
Jer 46,19

Jeremia richtet an das Volk eine Weissagung. In einer längeren Rede gegen fremde Völker bezieht er sich auf die Schlacht bei Karkemisch am Eufrath im Jahr 605 v. Chr. Der Pharao hatte den Assyrern im Kampf gegen Nebukadnezar beistehen wollen. Seine Niederlage hatte einschneidende Folgen für die Weltgeschichte. Auch für das Prophetenamt Jeremias. Es wurde noch schwerer, zu verkündigen. In einer Vision hört der Prophet die Kommandorufe der Ägypter und sieht ihre Niederlage. Im Jahr 568 v. Chr. dringt Nebukadnezar bis ans Nildelta vor. Erst die Perser haben Ägypten später im eigentlichen Sinne erobert. Die Macht Nebukadnezars übertrifft die Macht des Pharao. Wenn er gegen Ägypten aufmarschiert, bleibt den Leuten dort nur noch die Flucht.

In den vielen Jahrhunderten seitdem sind Menschen aus diesen und ähnlichen Gründen immer wieder auf der Flucht. Und sie empfinden das als eine Niederlage gegen die herrschende Klasse. Ein Fluchtgrund für Menschen, die sich für ein Leben mit Jesus entschieden haben, sind die Attacken von Moslems gegen Christen. Wer im Iran vom Islam zum Christentum konvertiert, bekommt zunehmend Schwierigkeiten. Auch das ist eine Niederlage, die nicht ohne Folgen für die Weltgeschichte ist. Und es wird für die Verkündiger unserer Tage zunehmend schwerer, den Gott der Bibel, den Vater Jesu Christi, den Menschen als Erlöser schlechthin vorzustellen.

Was bleibt ihnen übrig, wenn sie sich Fluchtgepäck machen? Wenig nur. Das, was sie auf dem Leibe tragen und ein Koffer. Sie tun es, weil sie Gott loben wollen. Auch wenn die Feinde toben, wie Philipp Spitta in einem Gesangbuchlied gedichtet hat. Auch wenn die Zahl der Christen immer kleiner wird. Sie tun es, und wenn es sein soll, mit Fluchtgepäck. (*)

Gott mit uns.
Mt 1,23

Auf den Koppelschlössern der Soldaten des Ersten Welt-
kriegs stand es. Es ist ja an sich nicht schlecht. Aber um
in den Krieg zu ziehen? Ich kann's und will's nicht beurteilen.
Ich kann die Gründe nicht verurteilen. So viele Gedenktafeln
müssten aus den Kirchen verschwinden, wenn das »Gott mit
uns« nicht immer gelten sollte. Den Wunsch kann man doch
haben!

Matthäus berichtet von Jesu Geburt. Kürzer und knapper
als Lukas. Er berichtet von der Jungfrau, die schwanger
wird vom heiligen Geist. Sie wird Mutter eines Sohnes. Sie
wird ihm den Namen Immanuel geben. So sagt es Jesaja vo-
raus. Und so geschieht's. Das heißt: nicht ganz. Da wird ein
Kind geboren von einer Jungfrau. Ihr Name ist Maria. Und
Josef? Josef, der Verlobte der Maria, gibt dem Kind einen anderen Namen: Jesus. Er weigert sich, die Verheißung des Propheten auf das Kind zu beziehen, das da geboren ist im Stall
von Bethlehem.

Immanuel wird Jesus nirgendwo genannt werden. Jedenfalls
nicht direkt. Aber sein Handeln entspricht diesem Namen.
Der Name ist sein Programm. Jesus vertraut darauf, dass Gott
mit ihm unterwegs ist. Durch Freud und Leid. Wolfgang Dyck,
der 1970 tödlich verunglückte Evangelist des CVJM, war ein
Mann kerniger Sprüche. Eines Tages sagte er: »Alle Christen
müssten Erich heißen. ER kommt zuerst und dann erst ICH.«
So ist das, glaube ich, gemeint. Jesus ist der Immanuel, der
»Gott mit uns«, der uns nicht allein lässt. Und wenn's auf den
Koppelschlössern steht, ist's ja auch ein Stück Hoffnung. Eine
Linzenz zum Töten ist's sowieso nicht. Also: Alle Christen
müssten Immanuel, Manuel heißen. Die Frauen natürlich Ma-
nuela oder so ähnlich. Gott sei mit ihnen.

Flieh nach Ägypten.
Mt 2,13

Ein kleines Kind ist in Gefahr, weil ein großer König Angst vor ihm hat. Sein Name: Jesus. Sein Name: Herodes. Was war los? Sterndeuter waren aus dem Osten nach Jerusalem gekommen. Sie suchten den neugeborenen König der Juden. In Jerusalem haben sie ihn nicht gefunden. Aber Herodes, den König. Der erschrickt, als er hört, dass weise Männer ein kleines Kind anbeten wollen. Er forscht weiter: Wo soll das Kind geboren werden? Und leutselig verweisen die Sterndeuter auf die alten Schriften. Da steht es doch, beim Propheten Micha: in Bethlehem.

Seit dieser Unachtsamkeit der Sterndeuter wird es für Jesus gefährlich. Jetzt weiß Herodes es. Jetzt muss er nach Bethlehem. Vordergründig, um das Kind auch anzubeten. Aber eigentlich, um das Kind zu töten. Das war zu gefährlich für ihn. Das konnte ihn seine Macht kosten. Er will genau wissen: Wo ist das Kind? Aber Gott befiehlt den Sterndeutern im Traum: Geht nicht wieder zu Herodes. Und Josef befiehlt er durch einen Engel: Nimm das Kind und seine Mutter und flieh nach Ägypten. Ich brauche Jesus noch. Er soll die Welt retten. Er hat einen Auftrag zu erfüllen. Er, der Herrscher, der mein Volk Israel wie ein Hirte führen soll.

Drei Worte nur: Flieh nach Ägypten. Bring dich in Sicherheit. Sie fliehen, wenn sie Nachfolge leben wollen. Aber sie werden verfolgt. In dieser ganz konkreten Nachfolge Jesu befinden sich in unseren Tagen viele: Flieh nach Deutschland. Im Iran oder im Sudan oder in Syrien bist du in Gefahr. Wenn du dich zu Jesus bekennst, bist du in großer Gefahr, in Lebensgefahr. In Todesgefahr. Später, wenn die Gefahr vorüber ist, zeige ich dir auch den Weg zurück. Ich bin bei dir. Fürchte dich nicht. Flieh nach ... Da bist du in Sicherheit.

Liebt eure Feinde.
Mt 5,44

Liebt eure Feinde? »Soll ich nicht hassen, die dich hassen?«, fragt David, der große Unterhaltungsmusiker am Hof des Königs Saul im 139. Psalm. Der Psalmbeter erkennt in seinen Feinden die Feinde Gottes. Und dagegen will er vorgehen. Darauf spielt Jesus wohl an in seiner fünften Antithese. Ein Gebot, einen Feind zu hassen, ist nicht überliefert. Aber Jesus blickt ja weiter. Er wird die Mentalität von uns Menschen im Blick gehabt haben, als er auf das Thema »Feindesliebe« in seiner »Bergpredigt« zu sprechen kommt. Er weiß, wie wir ticken. Er weiß, was normal ist.

Denn: Seinen Feind lieben, das ist ja nicht normal. Und vielleicht sollte man erst einmal ein paar kleinere Brötchen backen. Es gibt doch Leute, mit denen ich nicht so gut zurechtkomme. Es gibt doch Leute, die gehen mir gegen den Strich. Nimm dir einen Moment Zeit und überlege, wer das ist. - - - Sind dir die Namen eingefallen? So, also den, der als Moslem den Christen das Leben schwer macht - den soll ich lieben? Den, der mir in der Schule zu verstehen gibt, dass er mich nicht leiden kann, den soll ich lieben? Den, der mich bei einem anderen verraten hat, den soll ich lieben? Das wäre ja noch schöner.

Jesus ist so konsequent. Und er lebt es uns vor. Und er will, dass wir es ihm nachtun. Der Schlüssel für Jesus ist das Gebet. Denn nach »Liebet eure Feinde« sagt er: »Betet für die, die euch verfolgen!« Vielleicht fangen wir so an. Und finden dann einen Zugang zu unseren Feinden. Und vielleicht sind wir dann irgendwann auch wie die Volksmenge, die Jesu Predigt gehört hat, von seiner Lehre tief beeindruckt.

Dein Reich komme.
Mt 6,10

Dein Reich komme. »Was ist das?«, so fragt Martin Luther, unser »evangelischer Vertrauensarzt«, im kleinen Katechismus. Und er hat eine erste Antwort parat: »Gottes Reich kommt wohl ohne unser Gebet von sich selbst; aber wir bitten in diesem Gebet, dass es auch zu uns komme.« Und er fragt weiter: »Wie geschieht das?« Und er hat eine weitere Antwort parat: »Wenn der himmlische Vater uns seinen Geist gibt, dass wir seinem heiligen Wort durch seine Gnade glauben und göttlich leben, hier zeitlich und dort ewiglich.«

Damit ist eigentlich schon alles gesagt. Um das Reich Gottes zu erfahren, braucht es Gottes Geist. Er bewirkt diese Erfahrung in einem Menschen. Er garantiert, dass Menschen von Gottes Reich wissen. Luther bringt dann in seiner Erklärung zwei Dinge ins Spiel: Glaube und Leben. Wenn Glaube und Leben zusammenpassen, wird das Reich Gottes erfahrbar. Nicht erst in ferner Zeit. Da auch. Aber schon hier und heute. »Glaube an den Herrn Jesus, so wirst du und dein Haus selig« haben Paulus und Silas einst dem Gefängnisaufseher gesagt, der wissen wollte, wie er gerettet wird (Apg 16,31).

Der Glaube an Jesus führt zur Seligkeit. Führt dazu, dass das Reich Gottes schon hier auf Erden erfahrbar wird. Führt dazu, dass Menschen aufeinander zugehen, miteinander reden, miteinander ihren Glauben leben, Jesus als ihren Herrn und Heiland annehmen. Das ist das Reich Gottes hier und heute, »hier zeitlich«. Und das ist ein kleiner, aber wirklich nur ein sehr kleiner Vorgeschmack auf das andere Reich, das ich - zugegebenermaßen - meist im Blick habe, wenn ich das Vaterunser bete, auf das Reich »dort ewiglich«. Ich will es künftig besser auf beides beziehen.

Dein Wille geschehe.
Mt 6,10

Wie oft habe ich diesen kleinen Satz Jesu wohl schon gesprochen? Mindestens einmal in der Woche im Gottesdienst. Und bei der täglichen Morgenandacht doch auch. Ein Kernstück aus einem Kernstück des Neuen Testamentes ist es. Ein Wort Jesu aus der Bergpredigt. So hat Jesus die Menschen gelehrt zu beten: »Unser Vater im Himmel ... Dein Wille geschehe.« Und so hat er selbst gebetet im Garten Gethsemane: »Vater, willst du, so nimm diesen Kelch von mir; doch nicht mein, sondern dein Wille geschehe.« Bete ich diesen Satz auch so intensiv wie Jesus das getan hat? Ich gestehe: Im Normalfall geht es mir leicht über die Lippen. Im Normalfall denke ich nicht über jeden Halbsatz des Herrengebetes nach. Und genau das ist mein Problem.

Martin Luther macht in seiner Erklärung zur sogenannten dritten Bitte des Vaterunser deutlich, dass es darum geht, dass Gottes guter gnädiger Wille geschieht und nicht der Wille des Teufels. Die Bitte ist also, so verstehe ich das, ein Kontrapunkt zu dem bösen Willen des Teufels. Zu dem Willen, der in unserem Leben nichts zu suchen haben sollte. Ich muss also in meinem Leben und für mein Leben die Frage klären: Was ist der Wille Gottes in meinem Leben? Und das erfahre ich zuallererst im Gebet, so wie Jesus das im Gebet erfahren hat.

Lange habe ich geglaubt, »Dein Wille geschehe«, das sei ein Freibrief Gottes, mit mir zu machen, was er will. Aber so ist es doch nicht. Gott liebt mich doch. Gottes Wille ist es doch nicht, mich zu verletzen, mir weh zu tun. Gottes Wille ist es doch, mich in den Himmel zu führen. Heute höre ich den Satz so: Dein Wille geschehe, Gott, in meinem Leben. Nicht der Wille des Bösen, des Teufels.

Weicht von mir.
Mt 7,23

Der das sagt, ist Jesus. Er sagt es in der Bergpredigt, jenem Meisterstück der Weltliteratur. Und er sagt es in einem Zusammenhang, der uns meist nicht schmeckt. Jesus redet vom Tag des Gerichts. Das ist der Tag, an dem ein Mensch vor Gott treten und sich vor ihm verantworten muss. Und nun sagt Jesus: Es gibt einen fatalen Irrtum. Es gibt welche, die reden ganz respektvoll von mir. Die bekennen mich mit Ernst als ihren Herrn. Aber nicht jeder, der das so tut, kommt in das Himmelreich. Jesus weiß, da werden viele ihre guten Taten präsentieren. Was wir nicht alles für dich getan haben, Jesus! Wir müssen doch wohl in den Himmel kommen.

Die Reaktion Jesu ist verblüffend, aber klar. Nicht jeder, der große Stücke auf mich hält, kommt in den Himmel. Nicht jeder, der superaktiv ist in der Kirche, kommt in den Himmel. Deine guten Taten helfen dir überhaupt nicht. Um in den Himmel zu kommen, braucht man ein richtiges Verhältnis zu Gott. Nur der kommt in das Himmelreich, der »den Willen meines Vaters im Himmel tut«. Jesus reagiert am Tag des Gerichts erstaunlich hart: »Weicht von mir«, sagt er denen, die Gottes Willen nicht getan haben, ins Gesicht. Geht mir aus den Augen. Ihr habt (in eurem Leben) getan, was gegen Gottes Willen ist.

Von Jesus weichen, wer von uns will das schon am Tag des Gerichts? Darum gilt es, das Leben auf die richtige Spur zu bringen. Nach Gottes Willen zu leben, von seiner Vergebung zu leben. Gott keinen Grund zu geben, zu sagen: »Ich kenne dich nicht«. Dann wird Gott nicht sagen »Weicht von mir«, sondern »Bleibt bei mir«.

Sage es niemandem.
Mt 8,4

Gleich nach seiner großen Predigt, der Bergpredigt, heilt Jesus einen Aussätzigen. Matthäus erzählt die Geschichte sehr knapp. Es wird nichts ausgeschmückt. Ein Mann ist krank und traut Jesus zu, dass er ihn heilen kann. Jesus überlegt nicht lange. Er streckt seine Hand aus, rührt ihn an und sagt: »Ich will's tun, sei rein.« Und dann gibt er ihm noch einen Auftrag mit auf den Weg. Der Kranke soll nicht über die Heilung sprechen. Er soll sich dem Priester zeigen. Er soll seine Gabe opfern.

Sage es niemandem. Warum nicht? Warum ist das keine Meldung im Kapernaumer Anzeiger wert? Warum soll das nicht in die Öffentlichkeit? Oder: Warum soll das *jetzt* nicht in die Öffentlichkeit? Weil das ablenkt. Als erstes ist Gott dran. Und das wurde damals so zum Ausdruck gebracht, dass man zum Priester ging und Gott opferte. Und dafür gab es genaue Vorschriften. Alles andere passiert dann ohnehin später. Die Öffentlichkeit stellt sich von selber her. Jesus will nicht so viel Aufsehen. Das lenkt nur ab. Hier noch ein Interview. Da noch eine Stellungnahme. Er will einfach weiter seinen Dienst tun. Und da braucht er keine besondere PR-Arbeit.

Ich finde, diese kleine Aufforderung ist ein guter Hinweis auf das, was der Psalmbeter so ausdrückt: »Lobe den HERRN, meine Seele, und vergiss nicht, was er dir Gutes getan hat.« Darum geht es Jesus: Den Blick auf Gott lenken. Auf den Schöpfer und Erhalter des Lebens. Sage es niemanden? Doch. Aber nicht jetzt. Zur richtigen Zeit.

Weh dir, Betsaida!
Mt 11,21

Gerichtsworte mögen wir nicht. Sie stören uns in unserer Ruhe. In unserer Behaglichkeit. Wir haben uns so schön eingerichtet. Und doch gehören sie zur Realität. Sie gehören zum Evangelium. Sie gehören zur frohen Botschaft. Sie gehören zur Biographie des Zimmermannssohnes aus Nazareth. Es kann ein Mensch verloren sein, wenn er sich von Jesus abwendet. Und wenn er sich ihm nicht (wieder) zuwendet. Jesus nennt diese Zuwendung Buße.

Jesus hat in den Städten in Galiläa Menschen von ihren Krankheiten geheilt. Das hatten sie gesehen, hatten über seine Wunder gestaunt, hatten ihn vielleicht sogar bewundert. Zwei Städte nennt er: Chorazin und Betsaida. Diese beiden Städte stellt Jesus in einen Zusammenhang mit Sodom, der Stadt, die sich an Gott versündigt hatte. Sodom wird es am Tage des Gerichts besser gehen als Betsaida. »Denn sie hatten nicht Buße getan«, merkt der Evangelist an.

Es gibt ein Gericht. Jesus wird am Ende der Zeiten kommen zu richten die Lebenden und die Toten. Das bekennen wir Christen. Und ich frage mich vor allem für mich: Wie ernst nehme ich das? Ist meine Haltung so: Es wird schon irgendwie gut gehen? Oder nehme ich wahr, dass es darauf ankommt, von meinem verkehrten Weg umzukehren? Wie komme ich aus der Nummer raus? Für Jesus ist das klar: »Ich bin der Weg, die Wahrheit und das Leben. Zum Vater kommt man nur durch mich.« Und seine Botschaft beginnt mit Umkehr. Das ist die einzige Chance für Betsaida. Das ist die einzige Chance für mich.

Wozu diese Vergeudung?
Mt 26,8

Die das sagen in Betanien, im Haus Simons, des Aussätzigen, sind Anhänger Jesu. Sie ärgern sich darüber, dass eine Frau teures Salböl verschwendet, vergeudet, um Jesus zu ehren. Was hätte man damit nicht alles machen können: Das Salböl verkaufen und das Geld den Armen geben. Jesus selbst nimmt den Jüngern den Wind aus den Segeln: Arme wird es immer geben. Aber mich habt ihr nicht für immer bei euch.

Hat sich die Diskussion geändert? Was geben wir für den Gottesdienst aus? Wie teuer darf der Altarschmuck sein? Oder der Abendmahlswein? Darf die Aufführung der Johannespassion von Bach mehr als 5.000 € kosten? Was hätte man mit dem Geld nicht alles machen können! Es gibt doch so viel Arme, auch in unserer Zeit. Allezeit. Und denen muss geholfen werden. Dagegen hat doch Jesus auch gar nichts. Was er sagt, ist doch einfach nur dies: Kümmert euch um die Armen. Und wenn es sein soll, jeden Tag. Stellt ausreichend Mittel dafür ein in eure Haushaltspläne. Ihr wisst doch: Was ihr den Armen getan habt, das habt ihr mir getan. Aber spart nicht am Gottesdienst. Seid liebevoll im Umgang mit den Räumen, in denen ihr Gottesdienst feiert, also meine Gegenwart. Spielt nicht eins gegen das andere aus. Findet das richtige Maß. Denkt in euren Gemeinden darüber nach, was wann dran ist und ob ich dabei mit im Spiel bin. Und was für eure Gemeinde gilt, das gilt auch ganz privat, für euren eigenen Geldbeutel. Denkt bei euren Ausgaben daran, Gott die Ehre zu geben. Das ist keine Verschwendung. Die Frau von Betanien kann euch ein gutes Vorbild dafür sein. Und benutzt um Himmels Willen die Frau von Betanien und ihr Verhalten nicht als »Todschlagargument« des einen gegen das andere. Das ist doch nicht euer Stil.

Wachet und betet!
Mt 26,41

Zu den ersten Gebetsheften, die ich in meiner Jugendzeit bekommen habe, gehört ein kleines Heft mit dunkelgrünem Umschlag. Ich habe es noch heute: »Wachet und betet« ist sein Titel. Ich habe es als Jungscharleiter in den 1960er und 1970er Jahren rege gebraucht. Wenn ich in den Jungscharstunden eine Andacht gehalten habe, war mir dieses Heft eine große Hilfe.

Das Wort stammt von Jesus: »Wachet und betet!« Er sagt es zu seinen Jüngern Petrus, Johannes und Jakobus. Der Ort: der Garten Gethsemane. Der Anlass: Jesus will allein sein vor seiner Verhaftung, bevor er in die Nacht des Todes geht. Die drei Jünger nimmt er mit zum Beten. Als er allein sein will und noch ein bisschen weitergeht, sagt er zu seinen Freunden diese drei Worte: »Wachet und betet!« Wir wissen, dass die drei jämmerlich versagen. Sie schlafen ein. Sie können Jesus diesen letzten Wunsch vor seiner Verhaftung nicht erfüllen, weil sie müde sind.

Und wir heute? Wachen und beten wir für Jesus? Ich gestehe, dass ich das kleine dunkelgrüne Heft irgendwann zur Seite gelegt und nicht wieder benutzt habe. Klar, ich habe gebetet. Aber habe ich auch gewacht? Manchmal mache ich die Erfahrung, dass ich vor lauter Müdigkeit beim Beten einschlafe. Und ich weiß dann gar nicht, wie ich das Gott erklären soll. Denn der Auftrag Jesu gilt ja nicht nur den drei Jüngern. Der gilt mir doch auch: Mit Jesus, für Jesus wachen. Mit Menschen wachen, die in großer Not sind. Ich will das kleine Heft mal wieder hervorholen und zu meiner Bibel legen. Dann werde ich daran erinnert: Wachet und betet! Und dann will ich es auch tun. Für Jesus.

Jesus schwieg still.
Mt 26,63

Das ist eine komische Situation in der Nacht vor dem ersten Karfreitag. Jesus ist angeklagt. Die Machthaber bieten alles auf, was sie können, um Jesus zum Schweigen zu bringen. Aber nein, nicht zum Schweigen, sondern zum Reden. Zum Reden, damit sie ihn endgültig zum Schweigen bringen können. Und sie schrecken vor nichts zurück. Sie kaufen sogar zwei falsche Zeugen ein. Sie haben nichts gegen Jesus in der Hand. Also müssen sie etwas gegen ihn in die Hand bekommen. - Jesus hat es nicht nötig, sich mit diesen Machenschaften auseinanderzusetzen. »Jesus schwieg still.« Auch als der Hohepriester ihn auffordert, sich zu den Anschuldigungen zu verhalten, sagt Jesus nichts.

Die Geschichte geht weiter. Als der Hohepriester ihn schließlich auf Gott, seinen Vater, anspricht, da bekennt Jesus: »Ja, ich bin Gottes Sohn.« Das ist für den Hohenpriester Gotteslästerung. Das ist der Grund zur Verurteilung.

Manchmal ist es gut zu schweigen. Jesus hatte es nicht nötig, auf falsche Anschuldigungen einzugehen. Nein, man muss nicht zu allem und jedem etwas sagen. Man muss nicht überall seinen Senf dazugeben. Man muss sich auch zurücknehmen können. Ich lerne aus dieser kleinen Notiz aber wenigstens auch dies: In den entscheidenden Augenblicken meines Lebens darf ich nicht schweigen. Wenn ich nach Jesus gefragt werde, muss ich reden. Dann will ich den Schnabel nicht halten. Dann will ich ein Kreuzschnabel sein. Dann will ich von dem reden, der am Kreuz sein Leben für mich lässt. Manfred Siebald hat gedichtet: »Solange Menschen ohne seine Hilfe sind / und um mich her noch nach Erlösung schrein, / sing ich davon, wie man am Kreuz von vorn beginnt, / ich werd wohl ein Kreuzschnabel sein.«

45

Folge mir nach!
Mk 2,14

Jesus zu folgen bedeutet, das Leben ganz in seinen Dienst stellen. So steht es in der »BasisBibel« zum Stichwort »folgen«. Das muss man - glaube ich - bedenken, wenn man die Geschichte liest, die Markus erzählt. Von dem Zolleinnehmer Levi. Das war einer von denen, die an den Stadttoren im Auftrag der römischen Regierung auf Waren Zölle erhoben und dabei auch in die eigene Tasche wirtschafteten. Levi sitzt an der Zollstation. Dort sieht ihn Jesus, als er vom See Genezareth kommt und weiterziehen will. Und dann sagt Jesus zu Levi nur diese drei Worte: »Folge mir nach!« Was macht Levi? Er lässt alles stehen und liegen und teilt sein Leben mit Jesus.

An dem Tag, an dem ich diese Gedanken aufschreibe, bereitet sich die katholische Kirche auf die Heiligsprechung von Mutter Teresa vor. Das war auch so eine Frau, die bedingungslos Jesus nachgefolgt ist. Als »Engel von Kalkutta« ist sie in die Geschichtsbücher eingegangen. Sind der Zolleinnehmer Levi und die Ordensschwester Teresa Vorbilder für mich? Oder anders gefragt: Wie folge ich Jesus nach? Folge ich ihm überhaupt nach?

Denn das ist ja alles nicht so ganz einfach, alles stehen und liegen zu lassen und Jesus nachzufolgen. Das heißt ja, dass ich meine Feinde lieben soll. Das heißt ja, dass ich mich nicht um den morgigen Tag kümmern soll. Das heißt ja, dass Jesus der Herr über meine Zeit ist, über mein Geld, über mich. Das Evangelium ist an dieser Stelle - nach meiner Einschätzung - sehr klar. Jesus will keine »Nachfolge light«. Jesus will nicht, dass wir uns eine Hintertür offen lassen. Eher will er es so, wie es Johannes Busch, der große Jugendevangelist der 1950er Jahre, einmal treffend formuliert hat: »Sei ganz SEIN oder lass es ganz sein.«

Ruht ein wenig.
Mk 6,31

Wenn ich Bekannten - insbesondere Pfarrerinnen und Pfarrern - zum Geburtstag gratuliere, grüße ich sie oft mit »Mk 6,31«. Und ich spiele damit darauf an, dass sie sich in ihrem bedeutungsvollen und aufopferungsvollen Dienst nicht auffressen lassen sollen von dem täglichen Geschäft. Ich ermutige sie, sich auch eine Auszeit zu nehmen.

Jesus hatte seine zwölf Jünger, die während seiner Wirkungszeit immer bei ihm waren, ausgesandt, immer zu zweit. Die Jünger waren losgezogen und hatten den Menschen verkündet: »Ändert euer Leben.« Sie hatten ihnen von Jesus erzählt und hatten sie in die Nachfolge gerufen. Und dabei hatten sie viel erlebt. Irgendwann kamen sie wieder zu Jesus zurück und berichteten ihm alles, was sie getan hatten. Alles, was sie gelehrt hatten. Jesus sieht offenbar, dass sie erschöpft sind. Erschöpft von der Arbeit. Erschöpft vom Verkündigungsauftrag. Und er lädt sie ein, mit ihm an einen ruhigen Ort zu gehen. Und dann sagt er zu ihnen: »Ruht ein wenig!« Denn ständig kamen und gingen die Leute. Und sie hatten keine Zeit mehr zum Essen.

Ich kenne es aus meinem eigenen Leben, wie mir die ständige Aktivität die Luft zum Atmen nimmt. Man braucht im Leben Phasen der Ruhe. Man braucht die Abkehr von aller Geschäftigkeit. Man braucht den Rückzug in die Einsamkeit. Man braucht diese Zeit, um Kraft zu tanken für den weiteren Dienst. Markus berichtet dann noch von einer Großveranstaltung, die Jesus und seine Jünger zu bewältigen hatten. Da war es wichtig, ausgeruht zu sein. - Also: bei aller hektischen Betriebsamkeit: Schaffen wir uns Ruhezonen. Wir brauchen die. Jesus macht uns Mut dazu: Ruht ein wenig.

Hilf meinem Unglauben!
Mk 9,24

Alle Dinge sind möglich dem, der glaubt. Ist das so? Nein, ich zweifle die Worte Jesu nicht an, die er zum Vater des besessenen Jungen sagt. Aber ist es wirklich so einfach? Wer sagt denn überhaupt, dass Glauben einfach ist. Manche buchstabieren ein Leben lang daran herum.

Ein Vater kommt mit seinem kranken Jungen zu Jesus. Der war von Kind an krank. Und der Vater ringt förmlich mit Jesus. Das kann man doch verstehen. Da ist jemand in der Gegend, von dem hat man tolle Dinge gehört. Jesus hatte schon viele gesund gemacht. Da sieht der Vater eine Chance für seinen Sohn. Mit diesem Mann will er Kontakt aufnehmen.

Jesus spricht ihn auf seinen Glauben an. Jesus macht hier keine theologischen Ausführungen über den Glauben. Und es bleibt auch ein bisschen unklar, was der Glaube ist. Hier ist offenbar das Vertrauen in die Kraft Gottes gemeint. Ich habe kein Vertrauen zu Gott, hilf mir doch, Jesus, so kann man übersetzen, was der Mann meint. Jesus hatte ja gesagt, dass alle Dinge dem möglich sind, der glaubt. Ob der Mann dann tatsächlich geglaubt hat, lässt der Bericht offen. Aber er endet mit einer kleinen, nicht unscheinbaren Notiz. Jesus weist hin auf das Gebet: »Diese Art kann durch nichts ausfahren als durch Beten.« Es gibt Krankheiten, da hilft nur noch beten. Das ist das eine, das ich lerne. Aber das andere ist dies: Glauben und beten sind wie Zwillinge. Sie gehören zusammen. Sie haben eine besondere Beziehung. Glaube ohne Gebet hat keine Lebenskraft. Und um diese Lebenskraft gilt es immer wieder zu beten: Hilf meinem Unglauben. Ein Gebet nicht nur für die Ungläubigen - ein Gebet für jeden.

Erbarme dich meiner!
Mk 10,47+48

Der so betet, ist blind. Er heißt Bartimäus. Und er lebt in Jericho. Er sitzt am Wege. Was soll er auch sonst tun. Er bettelt. Was soll er auch sonst tun. Er braucht ein wenig Einkommen für sein Auskommen, sonst droht er umzukommen. Aber der Mann hat in seiner Not etwas, das ihm hilft. Er glaubt. Er glaubt an Jesus. Er glaubt an Gottes Kraft, die in Jesus Gestalt bekommen hat. Bartimäus hört dort am Wege von Jericho, dass Jesus von Nazareth vorbeikommt. Von ihm hatte er schon so viel gehört. Zu ihm hat er Vertrauen. Auf seine Barmherzigkeit wollte er sich verlassen. Und so bittet er um diese Barmherzigkeit. Er bittet um Jesu Erbarmen. Er schreit seine Bitte förmlich heraus: Jesus, du Sohn Davids, erbarme dich meiner.

Jesus erkennt den Glauben des Bartimäus. Proforma fragt er ihn noch, was er für ihn tun soll. Dass ich sehend werde, ist die knappe Antwort. Und dann hilft ihm Jesus. Dann sieht Bartimäus wieder. Das Grün der Blumen, das Grau der Städte, die Helligkeit der Sonne. Und: Jesus. Was wird das schön für Bartimäus gewesen sein, plötzlich Jesus zu sehen. Er ist ein richtiger Glückspilz.

Und dann? Schönen Tag noch, Jesus. Danke, dass du mich gesund gemacht hast. Jetzt gehe ich zurück nach Jericho. Jetzt beginne ich zu leben. Tschüss, Jesus. Die Dankbarkeit des Bartimäus drückt sich anders aus. Er folgt Jesus nach. Er schließt sich ihm an. Er kann sich ein Leben ohne Jesus gar nicht mehr vorstellen. So rühmt er die Barmherzigkeit Gottes. Das ist aber auch so was von nachahmenswert. Für Blinde, sehend gewordene und Sehende.

Setzt euch hierher.
Mk 14,32

Das ist ein Jesuswort. Das ist eine Aufforderung zum Ruhen. Jesus ist mit seinen zwölf Jüngern unterwegs gewesen. Er hatte mit ihnen in Jerusalem das Abendmahl gefeiert. Sie hatten gesungen und miteinander geredet. Und dann hatten sie sich aufgemacht vor die Stadt, hinaus an den Ölberg. Jetzt macht Jesus seinen Jüngern noch einmal deutlich, dass sie sich alle von ihm abwenden werden. Und alle, alle zwölf Jünger, schwören hoch und heilig: Wir werden nie abstreiten, dich zu kennen. Dann gehen sie weiter und kommen zum Garten Gethsemane. Und dort sagt Jesus zu ihnen: »Setzt euch hierher«, bleibt hier sitzen, während ich bete.

Drei der Zwölf nimmt Jesus dann mit, als er sich zum Gebet zurückzieht. Aber die anderen ruhen sich von den Strapazen des Tages aus. Jesus gönnt ihnen die Ruhe. Nur drei brauchte er, die ihm besonders nahe waren, in der Stunde der Verzweiflung, in der Stunde, in der er am liebsten tot wäre. Drei brauchte er: Petrus, Jakobus und Johannes. Die sollen wach bleiben. Die sollen bei ihm bleiben. Und die anderen? Was werden sie gedacht haben in dieser Gebetsstunde? Ob sie auch gebetet haben? Markus schweigt darüber. Ob Judas sich ihnen anvertraut hat? Markus schweigt darüber. Ob sie darüber nachgedacht haben, dass Jesus vorhergesagt hat, dass sie sich alle von ihm abwenden?

Für mich bleibt das alles offen. Aber ich will wenigstens dies lernen: dass ich in den Phasen der Ruhe darüber nachdenke, ob Jesus Grund hätte, mir auf den Kopf zuzusagen: Du wirst dich von mir abwenden. Setz dich hierher und denk darüber nach.

Simon, schläfst du?
Mk 14,37

Natürlich wusste Jesus, dass Simon schläft. Es ist nur eine Frage, die verlegen machen soll. Oder ein schlechtes Gewissen. Simon wusste, was Sache war. Wusste, dass Jesus bald sterben würde. Hat Jesus quasi versprochen, dass er sich nicht über ihn ärgern wird. Vollmundig reden sie alle, die Jünger. Eine große Klappe haben sie alle. Jesus betet im Garten Gethsemane. Und er bittet seine Jünger zu warten, bis er gebetet hat. Nein, nicht nur zu warten, sondern zu wachen. Aber sie schlafen ein. Jesus ist enttäuscht. Und es scheint, als hätte er für einen Moment vergessen, dass er Simon den Namen Petrus gegeben hat. Er spricht ihn mit seinem alten Namen an: Simon, schläfst du? Das geschieht zweimal. Trotz der sichtbaren und hörbaren Enttäuschung Jesu ist Petrus nicht in der Lage, Jesus den Wunsch zu erfüllen, für ihn zu wachen.

Ist das alles weit weg? 2000 Jahre zurück? Was geht's mich an? Trotz des Vorfalls im Garten Gethsemane wird Petrus Gemeindeleiter in Jerusalem nach Jesu Tod. Jesus ist nicht nachtragend. Aber ist das für mich ein Grund, schlafwandelnd durchs Leben zu gehen? »Für Jesus wachen«, das ist ja auch wieder so eine kirchliche Hochsprache, mit der manche nichts (mehr) anfangen können. Was heißt's aber?

Es gibt Situationen, in denen braucht Jesus mich. Braucht die Gemeinde mich. Braucht ein Mensch in Not meine Hilfe. Oder etwas von meinem Geld. Braucht jemand meine Zeit. Will ich wirklich riskieren, dass Jesus dann vor mir steht und nicht versteht, warum ich nichts tue? Dass er mich fragt: Warum schläfst du? Ich wüsste nicht, was ich antworten soll. Also will ich wach sein. Wenigstens versuchen will ich es.

Lasst uns gehen.
Mk 14,42

Dreimal hat Jesus drei seiner Jünger schlafend vorgefunden. Der Auftrag war ein anderer. Aber sie hatten keine Kraft, noch zu bleiben. In dieser schweren Stunde. Jetzt reicht es Jesus. Es ist genug, sagt er. Dann fordert er seine Jünger auf, aufzustehen und mitzugehen: Lasst uns gehen. Warum? Weil er spürt, dass Judas, sein Verräter, in den Garten Gethsemane gekommen ist. Dem will Jesus nicht ausweichen. Er hätte auch sagen können: Lass uns abhauen. Die Jünger hätten ihn sofort bei einem solchen Vorhaben bestimmt unterstützt. Aber das will er alles gar nicht. Lasst uns gehen. Lasst uns ihm entgegengehen, dem Verräter, dem aus unseren Reihen. Ich ergebe mich meinem Schicksal. Lasst uns gehen

Ist das auch eine Aufforderung, die wir hören? Hören wir die Aufforderung? Etwa dann, wenn wir uns in Gefahr begeben müssen? Ich denke an unzählige Menschen aus Ländern, in denen sie als Christen verfolgt werden. Sie machen sich auf einen sehr ungewissen Weg. Oft genug ist der Weg gefährlich. Oft genug wartet auf der anderen Seite des Gartens Gethsemane der Versucher, der Schleuser, der Staat, der dich nicht haben will, die nicht enden wollende Bürokratie beim Asylverfahren, der Hausbesitzer, der keine Ausländer in seinem Haus haben will, die Angst, wieder abgeschoben zu werden.

Dennoch: Lasst uns gehen? Dennoch: Lasst uns gehen! In eine neue Zeit. In einen neuen Lebensabschnitt. Johann Frank hat gedichtet: »Dennoch bleibst du auch im Leide Jesu meine Freude.« Darum: Lasst uns gehen. Weil es sich in Ewigkeit dann eben doch lohnt.

Er leugnete abermals.
Mk 14,70

Petrus bestreitet, dass er Jesus kennt. Er leugnete abermals. Nicht einmal. Nicht zweimal. Nein: dreimal. »Ich habe keine Ahnung, wovon du sprichst« raunzt er ein Dienstmädchen an im Vorhof des Palastes des Obersten Priesters. Selbst als ihn einer der Diener an seiner Sprache erkennt, leugnet er. Er schwört sogar, Jesus nicht zu kennen. Gott soll ihn strafen, wenn er lügt, lässt er verlauten. »Ich kenne den Menschen nicht, von dem ihr redet.«

Später merkt er, dass Lügen kurze Beine haben. Freilich: Er ist ja nicht allein. Nach und nach verkrümeln sich die Jünger Jesu alle hinter der nächsten Häuserecke. Nach und nach wird es einsam um Jesus. Wenn ihn nicht einmal Petrus mehr kennt, der persönliche Referent von Jesus, der, mit dem Jesus noch so viel vorhat, mit dem er eine Gemeinde, eine Kirche bauen will - dann sind das doch denkbar schlechte Startvoraussetzungen für die junge Gemeinde.

Nun sind wir heute nicht mehr in dieser Situation. Wir können mutig bekennen, dass wir Jesus kennen. Wir brauchen nicht zu leugnen, wenn uns eine Frau am Straßenrand fragt, ob wir auch zu diesen komischen Vögeln von der Kirche gehören. Da können wir ruhig »Ja« sagen. Und wir können fröhlich hinzufügen, dass wir den Schnabel nicht halten können von dem Mann, der am Kreuz sein Leben ließ. Wir können dazu stehen, dass wir in diesem Sinne gern Kreuzschnäbel sind. Und es gibt am Ende eines Lebens kein schöneres Zeugnis über einen Menschen als dies: Dieser war auch mit dem Jesus von Nazareth. Leugnen führt zu nichts. Wir wissen, wie es weiterging mit Jesus. Wir haben es insoweit besser als Petrus. Diesen Heimvorteil sollten wir dann aber auch nutzen und nicht leugnen, sondern bekennen.

Antwortest du nichts?
Mk 15,4

Jesus steht vor Pilatus. Er hat eine lange Nacht hinter sich. Sie haben das Abendmahl gefeiert und Jesus hat Petrus bloßgestellt. Die Soldaten haben Jesus verhaftet, gefangen genommen und geschlagen. Und als ob das noch nicht genug war: Petrus macht wahr, was Jesus prophezeit hatte: Er verleugnet seinen Meister. Am Morgen bringen sie Jesus zum Statthalter Pilatus, gebunden wie einen Verbrecher.

Pilatus beginnt ein Gespräch mit Jesus. Nur eine Frage stellt er: Bist du der Juden König? Und so knapp wie Pilatus fragt, antwortet Jesus: Du sagst es. Daraufhin laufen die Hohenpriester zur Hochform auf. Sie beschuldigen Jesus hart. Aber Jesus schweigt. Pilatus wundert sich und fragt Jesus, warum er nichts sagt: Antwortest du nichts? Das kann er nicht verstehen. Er muss sich doch verteidigen. Nach dieser Nacht. Und bei den Vorwürfen. Aber Jesus hat nichts mehr zu sagen. Es gibt Momente im Leben, da ist Schweigen Gold. Wie das Sprichwort sagt. Jesus verzichtet darauf, dem Heiden Pilatus seinen waren Anspruch dazulegen. Es stand doch ohnehin schon fest, wie es weitergehen sollte. Das Urteil war doch längst gefallen. Der Tod am Kreuz war beschlossene Sache. Die Luft wurde immer holzhaltiger.

Gibt es in unserem Leben ähnliche Situationen? Wo wir unseres Glaubens willen besser schweigen und nicht reden? Die Frage ist mir zu theoretisch. Aber die Kopten in Ägypten, die in unseren Tagen von den Moslems angegriffen werden - für sie steht doch das Urteil auch schon fest. Sollen sie sich wehren um jeden Preis? Oder sind sie nicht manchmal auch in der Lage Jesu und schweigen lieber? Und übrigens: Keine Antwort ist auch eine Antwort.

Er heißt Johannes.
Luk 1,63

Johannes Rau hat erzählt, dass in den Tagen, als er geboren wurde, sein Vater im Reisedienst der diakonischen Einrichtung »Blaues Kreuz« unterwegs gewesen ist. Von der Geburt seines Sohnes wurde er telegrafisch unterrichtet. Seine Frau wollte aber auch wissen, wie der Neugeborene heißen soll. Ewald Rau telegrafierte schlicht zurück: »Lukas 1,63«.

Das Zitat stammt aus dem Bericht über die Geburt eines Mannes, der die Welt verändern sollte: Johannes der Täufer. Zacharias, sein Vater, war stumm geworden, weil er den Worten des Engels nicht geglaubt hatte. Die hochbetagte Elisabeth sollte einen Sohn gebären. Das konnte er nicht glauben. Und darum musste er jetzt den Namen seines Sohnes auf ein Täfelchen schreiben: »Er heißt Johannes.«

Ich denke immer wieder gern an jene Geschichte, die ich vor langer Zeit erlebt habe. Wir waren in einer Runde von Kirchenvorstehern zusammen bei einer Rüstzeit in der Diakonissenkommunität auf dem Zionsberg in Scherfede. Wir sprachen über die Taufe. Die Familienangehörigen kamen am Sonntagnachmittag dazu. Und es gab mit ihnen zusammen eine eigene kleine Arbeitseinheit. Es wurde überlegt, welche Bedeutung die eigenen Namen haben. Ich kam mit dem fünfjährigen Johannes ins Gespräch. Ich wollte wissen, ob er weiß, was »Johannes« bedeutet. Er wusste es nicht. Und ich erklärte ihm die Bedeutung: »Gott ist gnädig!« Damit konnte er noch nicht so viel anfangen. Aber er wusste schon etwas von Johannes. Er hatte gehört von dem Jünger Johannes, den Jesus sehr gern hatte. Und Johannes antwortete auf meine Erklärung schlicht: »Und ich bin der liebste Freund des Herrn Jesus!« Wie gut, dass seine Eltern gesagt haben: Er heißt Johannes.

Eins ist not.
Lk 10,42

Jesus kommt mit seinen Jüngern in ein Dorf. Und eine Frau erweist ihm die Ehre der Gastfreundschaft. Die Frau hatte noch eine Schwester, Maria. Marta, so der Name der Gastgeberin, erweist dem Gast alle Ehre. Sie hat alle Hände voll zu tun, Jesus und seine Jünger zu bewirten. Die Gastfreundschaft im Nahen Osten ist heute noch sprichwörtlich. Dagegen ist eigentlich nichts zu sagen. Wenn - wenn da nicht Maria gewesen wäre. Die erlaubt sich nämlich die Frechheit, ihrer Schwester nicht zu helfen, sondern sich einfach zu Jesus zu setzen. Als eine aufmerksame Schülerin. Sie hört ihm zu. Aber das geht Marta »auf den Keks«. Und sie sieht keinen anderen Ausweg, als Jesus darauf anzusprechen: »Macht es dir nichts aus, dass meine Schwester mich alles alleine machen lässt? Sag ihr doch, dass sie mir helfen soll.« Wie reagiert Jesus? Anders als Marta es erwartet hat. Er lobt Maria. Sie hat sich für die richtige Alternative entschieden. Erst kommt die gute Botschaft und dann alles Beiwerk.

Denn: Eins ist not. Es ist not, auf Jesus zu hören. Es ist not, seine Botschaft zu verinnerlichen. Es ist not, sich ganz auf ihn ein- und alles andere aus dem Blick zu lassen. Trifft uns das? Wir müssen uns doch die Frage gefallen lassen, vor allem auch in der Kirche, ob wir bei allem, was wir tun, nicht zu sehr in Geschäftigkeit abtriften. Wir machen uns viele Sorgen um Strukturen in unserer Kirche. Und dafür wenden wir mehr Zeit auf als für die Gottesdienste. Ich weiß, wovon ich rede. Aber vielleicht bin ich auch nur ein schlechtes Beispiel. Doch gerade deswegen will ich in Zukunft mehr darauf achten, ob es nicht manchmal angebrachter ist, sich zu Jesu Füßen zu setzen und ihm zuzuhören, als geschäftig im Hintergrund dafür zu sorgen, dass die Strukturen stimmen. Das wird schwer. Aber ich will es einmal versuchen. (*)

Weh euch Pharisäern!
Lk 11,43

Nein, man wird ihnen nicht von vornherein unterstellen können, dass sie Gegner Jesu sind. Das wäre ein unzulässiges Pauschalurteil. Aber sie sind schon eine besondere Gruppe von Menschen. Und nicht wenige von ihnen sind offenbar entschlossen, Jesus vor Gericht zu bringen. Sie hören spitzfindig zu, was er sagt. Und sie suchen nach Zitaten, die sie als belastendes Material verwenden können. Sie wirken freundlich nach außen, haben aber oft hinterhältige Gedanken. Jesus durchschaut das Spiel. Er durchschaut auch alles Zurschaustellen. Jesus äußert sich klar und deutlich. Als Narren bezeichnet er sie. Sie erfüllen die gesetzlichen Vorschriften, aber sie tun das ohne Liebe. Eines aber geht nicht ohne das andere. Das bringt Jesus klar und deutlich zur Sprache. Er redet nicht lange drum herum. Er nennt die Dinge, die ihm nicht passen, beim Namen. Alle Verlogenheit deckt er auf.

Bin ich ein Pharisäer? Wahrscheinlich habe ich etwas pharisäerhaftes an mir. Gestutzt habe ich, als ich las, dass Pharisäer damals zur Zeit Jesu so etwas wie ein Laienorden waren. Also Prädikanten? Menschen, die pfarramtlichen Dienst wahrnehmen, aber gar keine Pfarrer sind? Und die auch noch genießen, wenn Sie mit »Pfarrer« angeredet werden. Da will ich durchaus lernfähig sein. Und ich will gut hinhören, wenn Jesus sagt: Weh euch Prädikanten. Denn in der Gefahr stehen wir alle, Jesus hinters Licht führen zu wollen. Aber er durchschaut uns. Und er will uns herausholen aus unseren wirren Gedanken. Die Pharisäer damals und die Pharisäer heute.

Übrigens: Ich trinke gerne mal im Urlaub in Ostfriesland einen Pharisäer, jenes Getränk, das vorgibt, Kaffee zu sein, aber mit einem Schuss Rum verschönt wird.

Es gibt Regen.
Lk 12,54

Jesus hält eine längere Rede. Im Grunde genommen geht es darin um den Weg, den er nach Jerusalem geht. Gehen muss. Es sind keine angenehmen Dinge, die Jesus zur Sprache bringt. Er redet von einem faulen Frieden, den die Menschen eingehen. Und ziemlich am Ende seiner Rede macht Jesus seinen Zuhörern deutlich, dass es eine letzte Gelegenheit gibt, sein Leben in Ordnung zu bringen. Oder anders gesagt: Die Zeichen der Zeit zu deuten. Damit deckt er die Scheinheiligkeit der Menschen auf. Ihr seid so tolle Leute, sagt Jesus. Wenn ihr im Westen eine Wolke aufziehen seht, sagt ihr: Es gibt Regen. Und so kommt es auch. Vom Wetter habt ihr Ahnung. Und ihr könnt euch auch stundenlang darüber auslassen. Aber was Gott von euch will, was er von euch erwartet, das könnt ihr nicht beurteilen. Oder ihr wollt es nicht.

Kriegen wir das hin, das Wesentliche vom Unwesentlichen zu unterscheiden? Oder halten wir uns auch mit lauter Belanglosigkeiten auf? Mit Dingen, die nur kurzfristig interessant sind. Zum Beispiel, ob es Regen gibt. Oder befassen wir uns mit Dingen, die langfristig von Bedeutung sind? Haben wir ein Gespür dafür, was Gott von uns will? Hören wir sorgsam die Worte Jesu?

Natürlich ist die Frage, ob es regnet oder nicht, entscheidend. Und sie kann sogar lebensentscheidend sein in den Dürregebieten der Erde. Dennoch gilt hier wie da, auf das eigentlich Wichtige zu sehen: auf Gottes Willen in unserem Leben.

Kreuzige, kreuzige ihn!
Lk 23,21

Wenn man einmal, beispielsweise in Bachs Johannes-Passion, im Chor das »Kreuzige ihn!« gesungen und je nach Dirigent sogar geschrieen hat, vergisst man das nicht. Mir geht's jedenfalls so. Das läuft einem eiskalt den Rücken herunter. Natürlich kann ich es mir einfach machen. Es steht im Drehbuch. Das muss man singen können. Wo kämen wir hin, wenn alle Schauspieler sich so anstellen würden? Aber ich bin kein Schauspieler. Ich bin in der Nachfolge der Menschen, die Jesus ans Kreuz geschrieen haben.

Damals, als Pilatus das Volk vor die Wahl stellte. Jesus wollte er ihnen freigeben. Aber den wollten sie nicht haben. Den Anführer und Mörder Barabbas wollten sie haben. Der Dirigent des Volkes animiert zu »fortissimo«: »Kreuzige, kreuzige ihn!« Das hilft. Pilatus knickt ein. Er erfüllt ihre Bitte.

Wie hätte ich damals gehandelt? Natürlich hätte ich mich auf die Seite Jesu geschlagen. Hätte seine Freilassung gefordert. Hätte mich für meinen Herrn eingesetzt. Hätte, hätte, Fahrradkette. Denn ich habe ja gut reden. Aber habe ich wirklich den Mut, in einer emotionsgeladenen Demonstration gegen Ausländer mich auf deren Seite zu schlagen? Oder ist mir meine eigene Unversehrtheit wichtiger? Wie oft habe ich Jesus schon ans Kreuz geschrieen: Wenn ich mich in Diskussionen nicht eindeutig auf seine Seite gestellt habe. Wenn ich dem Bettler in der Oberen Königsstraße in Kassel nichts in seine Dose geworfen habe. Wenn ich über einen anderen Menschen schlecht rede und nicht bereit bin, die Hand zur Versöhnung auszustrecken. Ich muss unbedingt weniger schreien. Nein: überhaupt nicht schreien. Denn wer schreit hat Unrecht. So wie das Volk vor 2000 Jahren in den Gassen von Jerusalem.

Bleibe bei uns!
Lk 24,29

Ein kurzes Gebet. Eine kurze Bitte. Sie richtet sich an Jesus. An den auferstandenen Jesus. An den Jesus, der unterwegs ist. Von Jerusalem nach ... Man weiß es nicht. So ein kurzes Gebet genügt. Denn aus der Bergpredigt weiß ich: Jesus liebt kein langes Gebet. Kein Plappern. Er liebt es kurz und knapp.

Jesus ist nicht allein auf dem Weg. Jedenfalls jetzt nicht mehr. Er hat sich zwei Männern angeschlossen. Die sind unterwegs von Jerusalem nach Emmaus. Und sie sind traurig. Traurig über den Tod Jesu. Des Mannes, der mit ihnen geht. Den sie aber nicht erkennen. Noch nicht. Jetzt nicht. Die drei Männer kommen ins Gespräch. Und Gesprächsthema Nr. 1 ist das Geschehen von Jerusalem vor ein paar Tagen. Jesus fordert seine Mitwanderer auf, zu erzählen. Und sie erzählen dem für sie Ahnungslosen. Sie erzählen von Golgatha. Vom Grab. Davon, dass es leer war am Morgen. Sie erzählen und erzählen. Und darüber ist es Abend geworden. Sie sind kurz vor Emmaus. Dann gibt es einen kleinen Moment der Unsicherheit. Wo will Jesus hin? Will er sich abwenden? Aber dann kommt die im Orient so sprichwörtliche Gastfreundschaft ins Spiel. Und sie bitten Jesus, den sie immer noch nicht erkannt haben: »Bleibe bei uns!« Sie reden noch ein bisschen weiter. Davon, dass es Abend wird. Dass der Tag zu Ende geht.

Ein kurzes Gebet. Ein Gebet, das Probleme lösen kann. Später erfahren wir: Jesus bleibt. Jesus erfüllt die Bitte. Und dann gibt er sich auch zu erkennen. Durch das Brechen des Brotes. Und die beiden sind froh, dass Jesus bei ihnen ist, dass sie ihn eingeladen haben zu bleiben. Sind wir auch froh, dass Jesus bei uns ist? Dass wir zu ihm gehören? Dann sollte das unser Gebet sein: Bleibe bei uns! Amen.

Wer bist du?
Joh 1,19

Dietrich Bonhoeffer ist in seiner Zelle lange der Frage nachgegangen: Wer bin ich? Manchmal fragen wir uns auch, wer wir eigentlich sind. Die Antworten fallen je nach Stimmungslage unterschiedlich aus. Ob sich Johannes der Täufer auch die Frage gestellt hat, wer er ist, ist nicht überliefert. Überliefert ist aber, dass Priester und Leviten aus Jerusalem zu ihm nach Betanien jenseits des Jordans kamen und wissen wollten: Wer bist du? Johannes gibt seinen Namen nicht preis und er antwortet so, wie manchmal Politiker in Talkshows auf Fragen ungenau antworten. Er erzählt, wer er *nicht* ist: »Ich bin nicht der Christus.« Das Spiel geht noch ein bisschen weiter. Und als sie immer noch weiter fragen, sagt er einfach nur, dass er eine Stimme eines Predigers in der Wüste ist.

An anderer Stelle wird berichtet, dass Johannes es an Deutlichkeit nicht hat fehlen lassen. Aber hier im Bericht des vierten Evangelisten wird nur Bescheidenheit deutlich.

Wer bist du? Reden wir auch so um den heißen Brei herum? Oder haben wir eher im Ohr, dass Gott uns bei unserem Namen gerufen hat. Oder anders gefragt: Antworten wir auf die Frage »Wer bist du?«: »Ich bin Christ?« Der Bürgermeister einer Kleinstadt hat's vorgemacht. Er war bei einer Gruppe gemäßigter aber frommer Muslime eingeladen. Am Ende baten sie ihn, einen Segenswunsch zu sprechen. Das wolle er gern tun hat er gesagt. Aber sie müssten wissen, dass er Christ sei und dass er seinen Segenswunsch nur im Namen Jesu Christi sprechen könne. Für seine Gastgeber war das kein Problem. Schließlich sei Jesus ein großer Prophet im Islam. Wer bist du? Der Bürgermeister hatte Mut. Und ich habe ihm das auch gesagt und ihm gedankt für sein Bekenntnis.

Kommt und seht!
Joh 1,39

Ich stelle mir einen schönen Nachmittag am Jordan vor. Johannes geht seiner Arbeit nach und tauft. Und seine Jünger helfen ihm dabei. Jesus kommt plötzlich vorbei und der Betrieb stockt. Johannes weist zwei seiner Jünger auf Jesus hin. Auf das Lamm Gottes. Das ist für die beiden Jünger ein Zeichen. Sie hören diese Worte und folgen Jesus. Jesus merkt das und fragt sie, was sie wollen. Und dann stellen sie eine ganz banale Frage: »Wo wohnst du?« Und Jesus zeigt sich sofort als guter Gastgeber: »Kommt und seht«, sagt er.

Die Jünger fragen nach der Herberge. Und Jesus lädt sie ein mitzukommen und sich das anzusehen. Und ich stelle mir nicht eine ganz bestimmte Wohnung vor. Ich denke, es geht eher um den Lebensraum, in dem Jesus existiert und den er den Jüngern erschließen wird. Vielleicht gibt es darauf ja auch keine fertigen Antworten. Jeder muss das für sich selbst erschließen.

Aber ich sehe auch etwas ganz Praktisches. Was ist denn mit uns, wenn uns einer fragt: Wo wohnst du? Sagen wir auch: Kommt und seht? Oder sind unsere Türen nicht oft merkwürdig fest verschlossen mit allerlei Sicherheitsvorkehrungen - im Kopf und ganz praktisch? Sind unsere Wohnungen offene Räume, in denen wir Menschen willkommen heißen (können)? Oder geht das alles keinen etwas an: »My home is my castle« pflegt der Engländer zu sagen. Und wir Deutschen: »Trautes Heim, Glück allein.« Es mag ja gute Gründe dafür geben, dass wir uns so verhalten. Aber der uns das fragt, könnte doch Jesus sein in Gestalt eines meiner geringsten Brüder. Sollte ich Jesus auf die Frage »Wo wohnst du?« antworten: »Es geht dich nichts an!«? Oder nicht doch besser: »Komm und sieh!«? Ich will genauer darüber nachdenken.

Was fragst du?
Joh 4,27

Jesus hatte mit einer Frau gesprochen. Er, der jüdische Rabbi. Für einen jüdischen Mann, besonders für einen Rabbi, war es damals nicht üblich, sich einfach mal mit einer Frau zu unterhalten. Aber Jesus hatte das getan. Am Jakobsbrunnen in Sychar in Samarien. Jesus macht sie auf ihrer Verfehlungen aufmerksam. Es ist ein intensives Gespräch, das mit der überraschenden Auskunft Jesu an die Frau endet, dass er der Messias ist. In dem Moment kommen die Jünger zurück. Sie wundern sich darüber, dass Jesus mit einer Frau redet. Sie sind erstaunt. Was willst du von ihr? Worüber redest du mit ihr? Luther übersetzt: Was fragst du?

Das mit der Frau ist ja nur ein Beispiel. Wenn auch ein schönes. Aber es steht für so vieles, von dem wir meinen, dass es einfach so üblich ist. Wir haben viele Traditionen übernommen. Und manche stehen felsenfest. Und vieles ist eingegossen in tausende von Vorschriften. Und wehe, jemand rüttelt daran. Ein Beispiel: Ein iranischer Christ fragt mich nach dem Abendmahlsgottesdienst, wer zum Abendmahl gehen dürfe. Selbstsicher sage ich: Wer getauft ist. Dann fragt er nach. Und er erzählt mir, dass sie natürlich in ihren kleinen Hauskirchen im Iran auch das Abendmahl gefeiert haben. Und was ist jetzt in Deutschland? Dürfen wir oder dürfen wir nicht? Da stehe ich mit meiner Selbstsicherheit und fange an zu stottern.

Was fragst du? Man muss doch nicht alles hinterfragen. Die Jünger damals hatten das kapiert - vielleicht auch einfach nur aus Feigheit. Da steht jemand vor uns und hinter uns und neben uns. Das ist Jesus. Und der gibt den Ton an. Der allein. Was fragst du? (*)

Murrt nicht untereinander.
Joh 6,43

Jesus ist das Brot des Lebens. So hat er gesagt. Damals, vor 2000 Jahren, an dem Tag, nachdem die Jünger ein stürmisches Erlebnis mit ihm gehabt hatten. In einer Nacht voller Furcht. Da hat er dem Volk in einer eindrücklichen Predigt deutlich gemacht: Ich bin das Brot des Lebens. Er weist hin auf die lange Glaubensgeschichte des Volkes Israel. Er erzählt von der wunderbaren Rettung des Volkes durch alle Schwierigkeiten hindurch. Die Juden verstehen die Rede mit dem Brot nicht. Es ist ja auch schwer zu verstehen. Da kommt einer, den sie kennen als Josefs Sohn, dessen Vater und Mutter sie kennen. Wie kommt der dazu, solche Worte zu sagen: Ich bin das Brot des Lebens? Jesus nimmt ihnen den »Wind aus den Segeln«. »Murrt nicht untereinander« sagt er. Er erläutert ihnen, dass er von Gott gesandt ist. Der wird ihn auferwecken am jüngsten Tage. Und das alles verknüpft Jesus mit dem ewigen Leben: »Wer glaubt, der hat das ewige Leben.«

Wenn wir das als einen Obersatz über unserem Leben sehen, dann wird schnell deutlich, dass alles Murren untereinander zu nichts führt. Es lenkt ab vom Eigentlichen. Es lenkt ab von Jesus. »Murrt nicht untereinander« - wir möchten es denen zurufen, die in allem und jedem - auch in der Gemeinde - nur Fehler vermuten. Nur die eigene Meinung gilt. Da kommt schnell den anderen gegenüber Murren auf. und mit mürrischen Menschen ist es nicht »gut Kirschen essen«.

Der Ratschlag Jesu kann uns helfen, aus Konflikten die Luft rauszunehmen. Er kann uns helfen, an dem einen Tisch zusammenzukommen und das Brot miteinander zu essen. Jesus ist das Brot des Lebens. »Christi Leib für dich gegeben.« Jesus hat nicht gemurrt. Und wir müssen es auch nicht tun. Das ist eine schöne Konsequenz der Nachfolge.

Jeder ging heim.
Joh 7,53

Es ist Laubhüttenfest in Jerusalem. Jesus predigt auf dem Fest. Und an dem, was er sagt, scheiden sich die Geister. Die einen sagen: »Er ist wirklich der erwartete Prophet.« Und andere: »Er ist der Christus!« Und wieder andere: »Der Christus kommt doch nicht aus Galiläa. Der kommt doch aus Bethlehem, dem Dorf, in dem David lebte.« Die Leute streiten sich. Sie haben unterschiedliche Meinungen. Aber irgendwann ist offenbar für die Leute »die Luft raus«. Und die Ratsmitglieder und die anderen Menschen gehen nach Hause. »Jeder ging heim«, notiert der Evangelist Johannes.

Ich finde diese kleine Notiz ermutigend. Hier sind Menschen unterschiedlicher Meinung. Und nun müssen sie nicht »mit aller Gewalt« versuchen, sich zu einigen. Klar, hier geht es um Jesus. Um seine Stellung bei den Menschen. Was er für sie bedeutet. Darüber waren die Menschen damals unterschiedlicher Meinung. Und das ist heute genauso. Was gibt es nicht für unterschiedliche Meinungen über Jesus in einer Gemeinde. Für die einen ist er ein religiöser Führer, nach dem man sich ausrichten soll. Für die anderen ist er der Auferstandene, der Sünden vergibt. Für wieder andere ist er beides. Wir diskutieren darüber und finden doch keinen gemeinsamen Nenner.

Und da kann es gut sein, so zu handeln wie die Menschen damals: Jeder ging heim. Das heißt ja nicht, dass das Nachdenken ausgeschaltet ist. Das kann ja heißen, dass man dann in der Ruhe des Zuhauses eine andere Perspektive bekommt. Manchmal ist es gut, etwas zu tun, was im Zeitalter von E-Mails völlig aus der Mode gekommen ist: einfach einmal eine Nacht schlafen bevor man antwortet und manchmal lospoltert. Jeder ging heim - das heißt Besinnung. Das heißt Nachdenken. Das heißt Beten. Daheim. Im stillen Kämmerlein. (*)

Was tun wir?
Joh 11,47

Das ist ein kleiner aber folgenschwerer Satz: Was tun wir? Gesagt haben den Satz die führenden Priester und die Pharisäer. Gefragt wird der jüdische Rat. Das war zur Zeit Jesu die oberste Behörde des Judentums. Was war los? Jesus hatte seinen Freund Lazarus von den Toten auferweckt. Das hat dazu geführt, dass einige zum Glauben an Jesus gekommen sind. Aber einige meinten, die Pharisäer, die es mit den biblischen Gesetzen sehr ernst nahmen, von den Taten Jesu informieren zu müssen.

Was tun wir? Eigentlich ist das klar für die Mächtigen der damaligen Zeit. Jesus vollbringt viele Zeichen. Wenn wir ihn so weitermachen lassen, werden alle an ihn glauben. Dann werden die Römer kommen. Sie werden unseren Tempel zerstören und unser Volk vernichten. Was tun wir? Kaiphas, der oberste der Priester, nimmt das Heft in die Hand: Ihr versteht gar nichts. Bedenkt doch: Es ist besser für euch, dass ein Mann für das ganze Volk stirbt - besser als dass das ganze Volk vernichtet wird. - Was tun wir? Seit jenen Tagen stand das Urteil fest. Der jüdische Rat war fest entschlossen, Jesus umzubringen.

Was tun wir? Nein, die Entscheidungen, die wir zu treffen haben, sind nicht so folgenschwer. Aber fragen tun wir schon so. Und wenn wir so fragen, bedenken wir immer auch: Welche Folgen haben unsere Entscheidungen für andere Menschen? Bedenken wir das wirklich? Oder ist es uns egal, was aus den anderen wird? Die führenden Köpfe damals hatten ein klares Ziel: Jesus muss sterben. - Was tun wir? Haben wir auch ein klares Ziel? Unsere Perspektive ist ja eine andere. Jesus lebt! Dann wird dieser kleine folgenschwere Satz auch Folgen haben für die Menschen, mit denen wir unterwegs sind.

Es hat gedonnert.
Joh 12,29

Es ist Passahfest in Jerusalem. Jesus ist in Jerusalem eingezogen. Die große Menge hat ein Loblied auf ihn angestimmt. Auf den, der im Namen des Herrn kommt. Auf den König von Israel. Jesus redet zu den Leuten. Zu denen, die von seinen Wundern gehört hatten. Wie er Lazarus aus dem Grab gerufen hatte. Dass der, dem sein Leben über alles geht, es verlieren wird. Davon, dass er keinen Ausweg mehr sieht. Dann erbittet er von Gott, dass der seine Herrlichkeit sichtbar macht. Die Herrlichkeit, für die sein Name steht. Dann ertönt vom Himmel eine Stimme: Ich habe sie schon sichtbar gemacht. Und ich werde sie wieder zeigen. Die Leute, die dabei stehen, hören die Stimme. Aber sie verstehen nicht, was gemeint ist. Einige sagen: Es hat gedonnert.

Es ist ja auch nicht so einfach, die Stimme Gottes zu verstehen. Klar: Einige meinen auch, dass ein Engel mit Jesus gesprochen hat. Jesus löst das Geheimnis des Donners auf: Nicht wegen mir hat die Stimme gesprochen, sondern wegen euch. Gott wird Gericht halten über die Welt. Der Herrscher der Welt wird gestürzt. Aber ich werde von der Erde erhöht. Und dann führe ich alle zu mir. So macht er deutlich, wie er sterben wird.

Es hat gedonnert. Hören wir Gottes Stimme? Oder hören wir im Lärm der Zeit nur Donner? Haben wir offene Ohren für das Geheimnis Gottes? Wie spricht Gott überhaupt zu uns? Er spricht zu uns auf unerklärliche Weise. Durch andere Menschen zum Beispiel. Aber hören wir Gott? Oder hören wir nur Donner? Jesus spricht dann vom Licht und vom Glauben an das Licht. Der Glaube kann den Donner verwandeln. Dann werden wir Kinder des Lichtes. Und wir brauchen uns vor dem Donner nicht mehr zu fürchten: Es hat gedonnert. Na und!?

Was ist Wahrheit?
Joh 18,38

Jesus wird von Pilatus verhört. Am frühen Morgen des Karfreitags. Es geht hin und her. Pilatus ist nicht ganz wohl mit diesem besonderen Fall. Er will Jesus loswerden. Aber das geht nicht so schnell. Es steht im Raum, dass Jesus ein König sein soll. Pilatus fragt nach. Und Jesus sagt: »Ich bin dazu geboren und in die Welt gekommen, dass ich die Wahrheit bezeuge. Wer aus der Wahrheit ist, der hört meine Stimme.« Das versteht Pilatus nicht. Und dann stellt er fest: »Was ist Wahrheit?« Was ist schon Wahrheit! Das spielt doch in dem ganzen Verfahren keine Rolle.

Einige Zeit vorher hatte Jesus einmal dem Jünger Thomas eine Antwort gegeben. Der wusste nicht, woran er war mit Jesus. Ihm hat er geantwortet, dass er Jesus, der Weg ist. Und die Wahrheit. Und er hat auch gesagt, dass nur über diese beiden elementaren Dinge ein Zugang zu Gott möglich ist. Der tiefe Grund der Wahrheit liegt also bei Jesus. Dadurch bekommen alle anderen Wahrheiten erst ihren Sinn. Man könnte jetzt das Leben Jesu Revue passieren lassen. Dann würde man die Wahrheit als eine große Weisheit entdecken. Dann würde man feststellen, dass es bei Jesus keinen Grund gegeben hat, ihm Unwahrheit zu unterstellen. Er hat die Wahrheit gesagt. Er hat den Menschen nichts vorgemacht. Er hat sich deutlich und wahrhaftig geäußert. Und es hat ihm nur Nachteile eingebracht.

Was ist Wahrheit? Vielleicht einfach nur dies: zuversichtliche Hoffnung, dass ich mich mit Jesus an der Seite nicht verbiegen muss und schon gar nicht verbiegen lassen mus. Auf diese Wahrheit kann ich mich als Christ berufen. Auf Jesus Christus.

Es ist vollbracht.
Joh 19,30

Es ist vollbracht. Das sind seine letzten Worte. Dann lässt er seinen Kopf sinken. Dann stirbt Jesus. Ein langes Leiden ist zu Ende. Ein kurzes Leben, das gerichtet war auf das Ziel: etwas zu vollbringen. Was ist vollbracht? Wir wissen. Nicht nur Jesu Tod ist vollbracht. Sondern ein Leben für die Menschen ist vollbracht. Für die Erlösung der Menschen. Für meine Erlösung. Für deine Erlösung. Die Erlösung ist vollbracht. Es ist vollbracht, dass Jesus die Schuld der Menschen auf sich genommen hat. »Das Kreuz ist der Königsthron, drauf man dich wird setzen«, dichtete Adam Klesel in seinem Passionslied 1675. Es ist vollbracht - das ist viel mehr als das Ende eines Lebens.

Nur drei Worte sind es, die Jesus am Ende sagt. Aber es sind bei aller Bedrückung auf dem Hügel vor der Stadt Jerusalem auch befreiende Worte. Sie befreien uns von der Schuld, die wir auf uns laden. Sie befreien uns von dem Zwang, ständig etwas leisten zu müssen für unsere Erlösung. Sie befreien uns zum ewigen Leben.

Was werden meine letzten Worte sein? Sie werden nicht so wichtig sein, dass man sie überliefert. Goethes letzte Worte waren ein Ruf nach »Mehr Licht!«, so ist es überliefert. Was wünsche ich mir? Ja, ich wünsche mir schon, dass es diese Worte sind: Es ist vollbracht. Vollbracht ist das Leben. Aber vollbracht ist auch der Übergang vom irdischen Leben in Gottes ewiges Leben. Ich habe es doch oft genug in den Gottesdiensten bekannt: Ich glaube an das ewige Leben. Hoffentlich denke ich in meiner Todesstunde daran. Und sage es aus vollem und erfülltem Herzen: Es ist vollbracht.

Wen suchst du?
Joh 20,15

Das ist die Frage eines Gärtners. Vor 2000 Jahren in Jerusalem. Draußen vor der Stadt. Auf dem Friedhof. Maria Magdalena ist zum Grab gekommen, weil sie Jesus noch einmal die Ehre erweisen will. Aber sie findet ein leeres Grab vor. Der Stein vor der Grabkammer ist entfernt. Dann überstürzen sich die Ereignisse: die Jünger kommen. Auch sie stellen fest: Jesus ist nicht mehr im Grab. Enttäuscht gehen sie nach Hause. Sie hatten nicht verstanden, dass Jesus vom Tod auferstehen musste.

Maria bleibt auf dem Friedhof. Sie weint. Noch einmal schaut sie in die Grabkammer. Und sie sieht zwei Engel. Denen erzählt sie: Sie haben meinen Herrn fortgebracht. Aber ich weiß nicht, wohin. Dann dreht sie sich um und sieht einen Mann. Der fragt sie, warum sie weint. Und: »Wen suchst du?« Noch immer denkt sie, es sei der Friedhofsgärtner. Erst als der sie mit ihrem Namen anspricht, erkennt sie, dass es Jesus ist, der ihr gegenübersteht. Voll Freude berichtet sie das den Jüngern: »Ich habe den Herrn gesehen!«

Wen suchst du? Ist das eine Frage, die sich auch uns stellt? Ist das eine Frage, die Jesus auch uns stellt? Und wenn ja: Wie antworten wir darauf? Suchen wir ... ja, was denn, ja, wen denn? Suchen wir Jesus für unser Leben? Den, der für uns gestorben und auferstanden ist? Oder begnügen wir uns mit dem Gärtner? Womit nichts gegen Gärtner gesagt sein soll. - Wen suchst Du? Als erstes ist Jesus, der Auferstandene, von einer Frau gesehen worden. Als erstes hat Jesus einer Frau eine Frage gestellt: Warum weinst du? Wen suchst du? Seitdem sollten wir nicht mehr über die Rolle der Frau in der Kirche nachdenken. Sie ist von Jesus selbst geklärt worden. - Wen suchst du? Lasst uns Jesus suchen in unserem Leben. Immer wieder neu suchen. Ihn, Jesus und nicht den Gärtner.

Weide meine Schafe!
Joh 21,16.17

Nach seiner Auferstehung sagt Jesus dreimal zu Petrus diesen Satz: »Weide meine Schafe!« Das heißt: einmal sagt er statt »Schafe« »Lämmer«. Aber das ist nicht so »spielentscheidend«. Dreimal. Warum dreimal? Dreimal hat Petrus Jesus verleugnet. Dreimal hat Jesus Petrus nach seiner Auferstehung gefragt: »Hast du mich lieb?« Dreimal sagt Petrus »Ja«. Und er wird von Mal zu Mal trauriger. Er scheint nicht begriffen zu haben, warum ihm Jesus dreimal die gleiche Frage stellt. Dreimal - nachdem er am dritten Tage auferstanden ist von den Toten. Dreimal diese Frage. Und dann dreimal dieser Auftrag: »Weide meine Schafe«.

Die alte hessische Abendmahlsliturgie sieht bei der Beichte drei Fragen vor. Dreimal werde ich gefragt, ob ich meine Schuld bereue. Leider finde ich kaum noch Pfarrer, die diese drei Beichtfragen stellen. Noch nicht einmal am Gründonnerstag: »Bekennst du, dass du gesündigt hast? Glaubst du, dass Jesus Christus uns erlöst hat von allen Sünden? Begehrst du darum den Zuspruch der Vergebung im Namen Jesu Christi?« Bei uns sind Beichte und Vergebungszuspruch glattgebügelt, auf ein Mindestmaß beschränkt. Manchmal werde ich noch nicht einmal gefragt, ob ich meine Schuld bereue. Dabei macht es uns Jesus doch am Beispiel des Petrus vor, wie das geht. Dreimal: »Liebst du mich?« Dreimal: »Ja!« Dreimal: »Weide meine Schafe«, was so viel heißt wie: Geh mit diesem Auftrag zurück ins Leben. Ich brauche dich in meiner Gemeinde. Pass auf die auf, die auch zu mir gehören.

Das Wort gilt nicht Petrus allein. Es gilt uns, die wir Jesus nachfolgen und damit »nicht wandeln in der Finsternis (Joh 8,12)«. Weide meine Schafe. Das ist eine schöne Aufgabe. Einmal. Zweimal. Dreimal. Und immer wieder.

Ist das so?
Apg 7,1

Das ist die Aufforderung zu einer langen Rede. Stephanus, ein Mann mit festem Glauben und erfüllt mit dem heiligen Geist, ist einer der sieben Männer, die zu Helfern für die Apostel gewählt worden waren. Damals. In der Zeit, als die Gemeinde stetig wuchs. Eines Tages wird Stephanus in einen Streit verwickelt. Gotteslästerung wird ihm vorgeworfen. Die ihm das vorwerfen, hetzen das Volk, die Ratsältesten und die Schriftgelehrten gegen ihn auf. Sie ergreifen ihn und schleppen ihn vor den jüdischen Rat. Und dort wirft man ihm vor, was er gesagt hat: dass Jesus den Tempel in Jerusalem niederreißen wird, dass er die von Mose gegebenen Ordnungen umstürzen wird.

Was tun? Der oberste Priester, der die Aufsicht hat über alles, was den Tempel und den Gottesdienst und den Dienst der Priester betrifft, gibt Stephanus Gelegenheit zur Stellungnahme: »Ist das so?« Der knappen Frage folgt eine lange Antwort. 53 Verse lang im siebenten Kapitel der Apostelgeschichte. In dieser Rede bekennt sich Stephanus zu Christus. Er zeigt die lange Geschichte des Volkes Israel auf. Er erinnert an den Bund Gottes mit Abraham. An Josef und seine Übersiedlung nach Ägypten. An den Ungehorsam des Volkes in der Wüste. An das Kommen Jesu. Und daran, dass seine Ankläger sich nicht an das Gesetz gehalten haben. Man kann auch sagen: Er redet sich um Kopf und Kragen. Und die Reaktion folgt schnell. Stephanus wird der erste Märtyrer der noch jungen Kirche. Er wird gesteinigt. Und einer, der später Völkerapostel werden sollte, hat das mit angesehen: Paulus. Ist das so? Stephanus hätte leugnen können. Hat er aber nicht. Er hätte sich rausreden können. Wollte er aber nicht. Er wollte Jesus bekennen. - Wie antworten wir auf die Frage: »Ist das so?«

Tabita, steh auf!
Apg 9,40

Die Missionstätigkeit des Apostels Petrus beginnt in Joppe. Und sie beginnt mit einer Totenauferweckung. Es geht um eine Jüngerin, also um eine der Frauen, die in der frühen Kirche zu den Frauen gehören, die an Jesus glauben. Mit ihren Gaben hat Tabita vielen Menschen geholfen. Aber dann wird sie, die gute Frau, krank. Sie stirbt. Und sie wird betrauert. Die Menschen weinen. Viele Menschen. Beweise der Fürsorge von Tabita werden gezeigt: Untergewänder und Mäntel, die von der Jüngerin angefertigt worden waren. Man bittet Petrus, nach Joppe zu kommen. Der kommt und schickt erst einmal die Menschen weg. Er kniet nieder und betet. Dann wendet er sich der Toten zu: »Tabita, steh auf!« Er gibt ihr die Hand und hilft ihr hoch. Tabita lebt! Wir hören dann nichts mehr von dieser Frau. Von der Frau, die als einzige im neuen Testament als Jüngerin Jesu bezeichnet wird. Petrus bleibt dann lange Zeit in Joppe bei einem gewissen Simon, einem Gerber.

Eine schöne Geschichte mit einem schönen Schluss. Alles ist gut gegangen. Einer beliebten Frau wird noch ein Stück Erdenzeit geschenkt. Warum? Ich weiß es auch nicht. Wahrscheinlich hatte Gott noch viel vor mit seiner Mitarbeiterin Tabita. - Ob der Sprung, den ich jetzt mache, nicht zu gewagt ist? Ich mache ihn trotzdem. Im Sommer 2015 werde ich sehr krank. Menschen sorgen sich um mich. Menschen beten für mich. Sie rufen nicht Petrus. Und ich bin auch nicht gestorben. Aber kurz davor war's schon. Gott hat die Gebete gehört. Gott hat offenbar gemeint, dass er mich hier auf dieser Erde noch braucht. Ich weiß nicht, wie lange. Aber seinen Ruf habe ich gehört: Günther, steht auf! Bin ich jetzt ein Nachfolger der Tabita?

Steh schnell auf!
Apg 12,7

Die ersten Christengemeinden hatten es nicht leicht. Sie wurden verfolgt. Hochoffiziell. Vom Staat. Von denen, die die Macht hatten. Von Herodes, dem König. Einer der ersten Gemeindeleiter, die es traf, war Jakobus. Ihn tötete der König mit dem Schwert. Das Volk hatte offenbar Gefallen daran. Und so trieb der König die Verfolgung immer weiter. Auch Petrus lässt er ins Gefängnis sperren. 16 Männer sollen ihn bewachen. Die Gemeinde ist natürlich traurig. Und die Leute machen etwas, was das ureigene einer christlichen Gemeinde ist: sie beten. Alszus, wie man in Nordhessen sagt, unaufhörlich übersetzt Martin Luther. Und das hilft. Ein Engel Gottes kommt ins Gefängnis und bringt Petrus an den 16 Wachleuten vorbei: »Steh schnell auf«, sagt er, »wir haben keine Zeit zu verlieren.« Das macht Petrus. Und sein Weg führt ihn zurück zur überraschten Gemeinde, die für ihn gebetet hatte.

Manchmal muss man im Leben schnell handeln. Manchmal muss man die Ruhe bewahren. Man muss das abwägen. Für den Gefangenen Petrus war Eile angesagt. Jetzt in dieser Situation. Wenn du frei sein willst, musst du dich schnell entscheiden. Jetzt. Sofort. Petrus hat einfach auf das gehört, was der Engel Gottes ihm gesagt hatte. Wie höre ich auf die Stimme Gottes? Meistens wäge ich doch noch ab. Sollte Gott wirklich gesagt haben, dass ... Sollte Gott wirklich meinen, dass das der richtige Weg für mich ist? Sollte Gott ... Ich bin ein Bedenkenträger. Wer ist das nicht. Als ich Taufpate für ein iranisches Mädchen werden sollte, musste ich mich schnell entscheiden. Zwischen der Anfrage der Gemeinde und dem Taufgespräch lagen nur drei Tage. Da habe ich den Engel des Herrn gehört. Keine Bedenken. Ich habe im Gebet erfahren: Das ist dein Weg. Steh schnell auf. Und sage ja. Und ich habe es nicht bereut. Wie Petrus damals vor 2000 Jahren.

Du getünchte Wand!
Apg 23,3

Paulus war ein Mann deutlicher Worte. Er steht in Jerusalem vor dem Hohen Rat und muss sich rechtfertigen. Das Volk war in Aufruhr. Paulus sollte getötet werden. Das Problem war: Er war römischer Bürger. Den konnte man nicht so einfach töten. Der hatte nämlich Rechte. Und darauf beruft er sich auch. Deshalb stellt man ihn schließlich vor das Leitungsgremium der Behörde, vor den Hohen Rat. Und da macht er erst einmal deutlich, dass er ein gutes Gewissen hat. Ein gutes Gewissen vor Gott. Aber Hananias, der Hohepriester, will es nicht hören. Er befiehlt seinen Knechten, Paulus auf den Mund zu schlagen. Das ist für Paulus aber nicht hinnehmbar. Er pocht auf sein Recht als römischer Bürger. Er wirft dem Hohenpriester Rechtsbruch vor. Und dann rutscht es ihm heraus - oder er sagt es ganz bewusst?: Du getünchte Wand.

Das war eine Beleidigung. Das war auch nicht christlich. Das war auch nicht im Sinne Jesu, der gesagt hat, man soll seine Feinde lieben. Ich vermute, das war dem Paulus in dem Moment auch egal. Der Hohepriester hatte ihn beleidigt und das konnte er sich nicht bieten lassen. Wo kämen wir denn da hin, wenn das Schule macht, dass die, die Macht haben, die Anhänger Jesu beleidigen, mundtot machen wollen.

Ich weiß auch nicht, wie ich reagieren würde, wenn man mich wegen meines Glaubens öffentlich beleidigen würde. Ich weiß nicht, ob ich jemand in aller Öffentlichkeit eine getünchte Wand oder ein blödes Kamel - oder denken und formulieren Sie selbst weiter - nennen würde. Und ich lasse das jetzt einfach mal so stehen. Ich kann den Apostel Paulus verstehen. Und ich kann ihn auch wieder nicht verstehen. Aber ich bin nicht in seiner Situation. Und ich kann und will kein Urteil fällen. Aber aufmerksam nachdenken, wenn ich mich äußere.

Für diesmal geh!
Apg 24,25

In Cäsarea am Mittelmeer. Der römische Bürger Paulus steht vor dem Statthalter Felix. Aber der hat nicht so richtig Lust , sich mit Paulus einzulassen. Zusammen mit seiner Frau Drusilla hört er sich zwar an, was Paulus über den Glauben an Jesus Christus zu sagen hat. Aber als Paulus dann auf ein Leben nach Gottes Geboten, auf Enthaltsamkeit und auf das bevorstehende Gericht zu sprechen kommt, erschrickt der Statthalter. Man merkt, er hat keine Lust mehr. Vielleicht fühlt er sich auch persönlich angegriffen. »Für diesmal geh.« Wenn er Zeit hat, will er ihn wieder rufen lassen. Die ganze Sache zieht sich zwei Jahre hin. Dann wird Felix von seinem Posten abgelöst. Den Juden wollte er noch einen Gefallen tun: Paulus blieb weiterhin im Gefängnis.

Sich vor Entscheidungen drücken, das kennen wir aus vielen Bereichen unseres Lebens. Wir lieben die Bequemlichkeit. Oder wir ziehen Entscheidungen in die Länge, weil sie unangenehme Folgen für Menschen haben. Wir sitzen sie aus. Manchmal hoffen wir, dass uns keiner darauf anspricht. Paulus ist am Ende beharrlich. Er beruft sich auf den Kaiser. Er wird schließlich nach Rom überführt. Felix hätte ihn freilassen können. Hat er aber nicht. Sein eigenes Wohlbefinden war ihm wichtiger als eine gerechte Entscheidung. Mit der hätte er das Volk gegen sich aufgebracht. Aber das war es ihm nicht wert. Also aussitzen. Hoffentlich komme ich heil raus aus der Nummer. Ich frage mich: Ist diese Form der Bequemlichkeit nicht genau meine Situation, meine Vorgehensweise, mein Handeln? Ich bin froh, wenn ich jemanden nicht mehr sehen muss. Er stört meine Ruhe. Er engt mich ein. Vielleicht später. Jetzt habe ich keine Lust, keine Zeit, keine Muße. Ich weiß: Ich verschiebe das Problem nur. Aber ...

Hasst das Böse.
Röm 12,9

In dem Abschnitt, in dem diese drei Worte stehen, geht es um das Leben der Gemeinde. »Hasst das Böse«. Paulus beschäftigt sich in einem relativ langen Briefabschnitt mit den Folgerungen für das Leben als Christen. In einer Vielzahl von nur locker miteinander verbundenen Einzelmahnungen finden sich diese drei Worte: Hasst das Böse. Der rote Faden der Ermahnungen ist das Liebesgebot: Eure Liebe soll aufrichtig sein. Und sie ist eben nicht aufrichtig, wenn sie bestimmt ist vom Bösen, wenn Böses im Hintergrund immer wieder mitschwingt.

Hasst das Böse. Das muss man durchbuchstabieren für sein Leben. Das kommt immer auch auf die persönliche Blickrichtung an. Wenn wir an das Böse in der Welt denken, dann können wir doch schnell mit der Aufzählung beginnen. Der Bürgerkrieg in Syrien - ja, den hassen wir. Die Sprengstoffanschläge in europäischen Großstädten - ja, die hassen wir. Den aufkeimenden Rechtsextremismus in unserem Land - ja, den hassen wir auch. Und wir können das beliebig fortsetzen. Und wir können dabei immer schön mit dem Finger auf andere zeigen. Für das Böse bin ich ja nicht zuständig. Ich habe keinen Krieg angezettelt. Ich werfe keine Bomben. Ich bin nicht rechtsextrem.

Aber sollten wir es nicht doch ein bisschen persönlicher nehmen? Sollten wir es nicht etwas näher an uns heranlassen? Sollten wir nicht prüfen, wo wir Böses tun? Beim Streit mit dem Nachbarn, beim Reden über einen anderen hinter seinem Rücken, bei ... Hier fallen uns allen Beispiele genug ein. Da bin ich mir ganz sicher. Am Ende dieses Briefabschnittes steht übrigens der Satz: »Lass dich nicht vom Bösen überwinden, sondern überwinde das Böse mit Gutem.« Genau so kann es gehen.

Dient dem Herrn.
Röm 12,11

Es war in einer kirchlichen Strukturdebatte. Welchen Stellenwert hat unter den vielen Arbeitszweigen die Verwaltung? Ich habe vorgetragen, wie ich in vierzigjähriger Berufstätigkeit in eben jener Verwaltung meine Tätigkeit verstanden habe: als Dienst. Aber ich habe mir von den anderen Sitzungsteilnehmern sagen lassen müssen, dass das heute nicht mehr »in« sei. Die Zeit des Dienens sei vorbei. Einer sei dem anderen kein Diener, sondern ein Partner. Das Denken von oben nach unten gehöre der Vergangenheit an. Es hat niemand, auch niemand von den anwesenden Theologen, widersprochen. Ich stand allein auf weiter Flur.

Ist es nicht mehr wichtig, was der Apostel Petrus geschrieben hat, dass man einander dienen soll mit den Gaben, die man von Gott empfangen hat? Und hatte auch Paulus nicht Recht, wenn er den Römern mitteilte, dass das »Dient dem Herrn« zum Leben der Gemeinde gehört? Er mahnt seine Adressaten, in der Einsatzbereitschaft im Dienst für Christus nicht nachzulassen. Und dieser Dienst für Christus schließt doch den Dienst für die Nächsten mit ein. Paulus nennt ganz konkret, sich der Nöte der Heiligen, also der Christen, anzunehmen und Gastfreundschaft zu üben.

Vielleicht bin ich ja wirklich altmodisch. Aber in dem Fall bin ich es gern. Ich spreche gern vom Dienst in der Kirche, vom ehrenamtlichen und vom hauptamtlichen. Und ich weiß aus der Barmer Theologischen Erklärung, dass die verschiedenen Ämter der Kirche keine Herrschaft der einen über die anderen begründen, sondern die Ausübung des der ganzen Gemeinde anvertrauten und befohlenen Dienstes. Da ist es wieder, das »Unwort«. Ich finde es trotzdem schön und wichtig.

Nehmt einander an.
Röm 15,7

Natürlich fällt mir hier erst einmal der blöde Beamtenspruch ein, dass ich als Beamter nichts annehmen darf, noch nicht einmal Vernunft. Das wäre Bestechung. Allerdings begehe ich in diesem Fall gern ein »Dienstvergehen« und beteilige mich beim einander annehmen. Denn das kann ja nur gut sein.

Ziemlich am Ende seines Briefes an die Menschen, die in Rom leben, beschäftigt sich der Apostel mit dem Thema »Die Schwachen und Starken im Glauben«. Er mahnt zur Rücksichtnahme und gegenseitiger Achtung, zur Rücksichtnahme gegenüber den Unsicheren. Und er hält es für angemessen, die Schwächen der Schwachen mitzutragen. Das gehört für ihn zum gemeinsamen Lob Gottes. Schwache und Starke loben Gott. Sünder und Begnadigte. Alte und Junge. Die Unterschiede kann man beliebig erweitern. Es geht letztlich darum, dass Gegensätze sich anziehen sollen.

Unsere liturgische Hochsprache sieht diese Worte »Nehmt einander an« in der Abendmahlsliturgie vor. Nach dem eucharistischen Gebet und den Einsetzungsworten folgt die Einladung zum Tisch des Herrn mit diesen Worten. Und da wird deutlich: Am Tisch des Herrn hat nur Platz, wer sich zuvor mit seinem Bruder oder mit seiner Schwester versöhnt hat. Und das weist hin auf einen viel größeren Zusammenhang und auf eine viel größere Begründung. Für das einander annehmen gibt es ein Beispiel: Jesus. »Nehmt einander an, wie Christus euch angenommen hat.« Wer sich von Christus angenommen weiß, der kann gar nicht anders als einen Bruder, eine Schwester auch anzunehmen.

Wer ist Paulus?
1 Kor 3,5

Über die Aufgaben der Mitarbeiter Gottes macht sich Paulus Gedanken in seinem ersten Brief an die Korinther. Er erwähnt seinen Mitarbeiter Apollos. »Wer ist Apollos?«, so fragt er. Beide hatten verschiedene Aufgaben. Paulus hat die Gemeinde in Korinth gegründet. Und Apollos hat die Arbeit fortgeführt. Und es ist für Paulus zweitrangig, wer nun was tut. Sondern wichtig ist, dass Gottes Werk getan wird. Wichtig ist, wie man die Arbeit, die Gott einem aufträgt, erfüllt.

Finden wir uns da wieder? Geht es in unserer Gemeinde genauso darum: Dass jede Arbeit gleich wichtig ist? Die des Pfarrers und die des Hausmeisters? Die der Sekretärin und die des Kirchenmusikers? Die des Küsters und die des Kirchenvorstehers? Oder ordnen wir nicht doch ganz klar zu: Natürlich ist der Dienst des Pfarrers wichtiger als der Dienst des Hausmeisters. Natürlich ist es wichtiger, schöne Lieder im Gottesdienst zu singen als schöne Briefe im Gemeindebüro zu schreiben. Wo finden wir uns wieder?

Spielen wir nicht oft genug eine Arbeit gegen eine andere aus? Beim Gottesdienst fällt's mir manchmal auf. Ganz selbstverständlich wird den Kirchenmusikern gedankt für ihre Mitwirkung - also dafür, dass sie ihren Dienst getan haben. Wo bleibt die Kirchenvorsteherin, die die Lesung hält? Wo bleibt der Hausmeister, der den Raum hergerichtet hat? Die haben doch auch ihren Dienst getan. Wenn schon im Gottesdienst Dank an Menschen - was ich im Gottesdienst für nicht wichtig halte, weil es darum im Gottesdienst ja gar nicht geht - dann bitte umfassend. Ich halte es da lieber mit dem 103. Psalm, in dem klar geordnet ist, worum es beim Dank geht: «Lobe den Herrn, meine Seele, und vergiss nicht, was er dir Gutes getan hat.« Denn: Wer ist Paulus? Wer bin ich? Und: Wer ist Gott! (*)

Man verfolgt uns.
1 Kor 4,12

In unseren Tagen wird ein besonderes Augenmerk gerichtet auf die Verfolgung von Christen. Damit befindet sich die christliche Gemeinde in einer 2000 Jahre langen Tradition. Schon der Apostel Paulus wusste davon zu berichten. Gerade er, der selbst ein großer Verfolger der ersten Christengemeinde war. War! Vor seinem Bekehrungserlebnis in der Nähe von Damaskus. Für Paulus sind die Apostel mit ihrem Einsatz für die Verkündigung des Evangeliums wie Gladiatoren, die in der Arena vor einem sensationslüsternen Publikum kämpfen. Sie sind dem Tode geweiht. »Man verfolgt uns«, schreibt er. Und fügt gleich an, dass das zum Christsein dazu gehört: »so dulden wir's.«

In meiner Jugendzeit war ich inspiriert von der »Hilfsaktion Märtyrerkirche« und habe mit Sorge von Christenverfolgungen in Osteuropa gehört und gelesen. In unseren Tagen bringt »open doors«, eine Hilfsaktion für verfolgte Christen, alle Länder auf die Tagesordnung, in denen die Christenverfolgung an der Tagesordnung ist. Und in den letzten Jahren erleben wir es hautnah in unseren Gemeinden. Plötzlich haben wir nicht mehr nur Berichte über Christenverfolgung. Plötzlich leben in unseren Gemeinden Christen, die selbst verfolgt wurden. Die ihren Beruf verloren haben, weil sie verraten wurden beim islamischen Staat. Die ihren Glauben nur in verbotenen Hauskirchen leben konnten. Und sie haben's lange genug ertragen - wie der Apostel Paulus. Und jetzt sind sie hier. Und manche werden auch hier wieder verfolgt. Es gibt genug Beispiele.

Die christliche Gemeinde muss wachsam bleiben. Verfolgung ist zwar biblisch. Aber muss sie unbedingt auch noch »gefördert« werden? Da müssen wir wachsam sein, wenn jemand sagt: »Man verfolgt uns.«   (*)

Folgt meinem Beispiel!
1 Kor 4,16. 11,1

Paulus, der Vater der Gemeinde in Korinth - so ist der Abschnitt in der Lutherbibel überschrieben, in dem dieser kleine Satz steht: »Folgt meinem Beispiel!« Das klingt so, als wäre der Völkerapostel sehr von sich eingenommen. Das klingt so, als wolle er in *seine* Nachfolge rufen, wo er doch in die Nachfolge Jesu rufen will. Überheblichkeit pur. Noch wenige Zeilen vorher prangert er in seinem Brief die Überheblichkeit der Korinther an. Da erheben sich einige über andere. Paulus mahnt: Keiner blase sich gegen den anderen auf. Aber was will er nun sagen, wenn er die Korinther auffordert, seinem Beispiel zu folgen? Sollen die Korinther Christen verfolgen? Sollen sie auf ein Bekehrungserlebnis warten? Sollen sie das Evangelium auf Missionsreisen unter die Leute bringen? Sollen sie andauernd Briefe schreiben?

Ich denke, man muss das »Gesamtwerk« des Paulus sehen, seine Lebensleistung, sein Eintreten für den Glauben, seinen Bekennermut auch in dramatischen Situationen. Das alles war ja ohne Frage beispielhaft. Und das hatte Folgen. Das hatte am Ende seinen gewaltsamen Tod zur Folge. Er wurde hingerichtet wie so viele Christen der frühen Kirche.

Folgt meinem Beispiel! - Das kann mit sich bringen, dass man Probleme hat. Das kann mit sich bringen, dass man verfolgt wird - vor allem in Ländern, die man zu den Ursprungsländern des Christentums zählt, im Irak und in Syrien zum Beispiel. Philipp Spitta hat das einmal so ausgedrückt: »Es gilt ein frei Geständnis / in dieser unsrer Zeit, / ein offenes Bekenntnis / bei allem Widerstreit, / trotz aller Feinde Toben, / trotz allem Heidentum / zu preisen und zu loben / das Evangelium. (EG 136,4)« Folgt meinem, folgt diesem Beispiel.

Der Buchstabe tötet.
2 Kor 3,6

Wir leben in einer Zeit, in der viel mit Papier gearbeitet wird. Wer in kirchlichen Gremien arbeitet, weiß ein Lied davon zu singen. Was habe ich nicht selbst in einem langen Beamtenleben alles produziert. Heutzutage muss alles aufgeschrieben werden. Und bevor etwas weggeworfen wird, wird es noch kopiert. Sagt man so. Mich lähmt das viele Papier manchmal, das ich ihn Sitzungen zu bewältigen habe. Oft bin ich schlagkaputt. Und ich merke: Der Buchstabe tötet. Ich brauche einen Ausgleich.

Kann ich diesen Ausgleich vom Apostel Paulus lernen? Er hatte das Problem ja offenbar auch. Es lähmt ihn in seinem Dienst. Es engt ihn ein. Er beruft sich auf den Geist Gottes. Unter stellt eine steile Behauptung auf: Der Buchstabe tötet, aber der Geist macht lebendig. Nun ist das ein sehr theoretischer Satz. Hilft mir der im Leben weiter? Ich kann ja das viele Papier in den Sitzungen nicht verhindern, die vielen E-Mails nicht eindämmen, den Speicher am PC nur begrenzt löschen. Ich hebe viele Buchstaben auf. Und ich merke, wie mich das belastet. Warum? Warum höre ich nicht einfach auf Gottes Geist? Der soll nämlich Leben schaffen. Der kann mich nämlich herausholen aus meiner Gesetzlichkeit. Der kann mir nämlich sagen: Leg das viele Papier beiseite. Lass dich von Gottes Geist leiten. Hör auf Gottes Worte. Und bringe sie in den vielen Sitzungen ruhig zur Sprache. Vielleicht freuen sich ja andere, die das auch schon längst mal äußern wollten.

Habe ich mir jetzt selbst ein Bein gestellt? Es muss sein. Denn ich will doch leben und nicht tot sein. Unsere Kirche muss leben. Unsere Gemeinde muss leben. Ob das viele Papier dabei hilft? Wenigstens nachdenken sollte man darüber.

Uns ist bange.
2 Kor 4,8

Paulus schreibt in einer besonderen Situation. Unscheinbar tritt er auf. Trotz Leiden und Anfeindungen hält er sich zu Christus. Er hält sich zu Gott, der seine Kraft in der Schwachheit des Gekreuzigten zeigt. Und Paulus erfährt, dass er nicht über diese Kraft verfügen kann, sondern immer neu mit ihr beschenkt wird. Natürlich hat er Angst. Wie soll das alles weitergehen? Paulus schließt auch den Tod nicht aus aus seinen Gedanken. Der Gedanke ist stark in den Menschen. Der macht auch Angst. Aber diese Angst wird klein gemacht durch die Sehnsucht nach der himmlischen Heimat. Darum ist Paulus zwar bange, darum hat er zwar Angst, aber er verzagt nicht daran. Er lebt von der Hoffnung auf das ewige Leben.

Ist das die übliche Vertröstung auf das Jenseits? So kann man alles klein reden. Allen Schmerz. Alles Leid. Alle Trauer. Es wird schon wieder gut. Ich weiß, dass diese Vertröstung vielen Menschen nicht weiterhilft. Aber ich kenne auch viele Menschen, die genau darin ihre Hoffnung sehen. Die zwar leidenschaftlich rufen: Mir ist bange! Die aber genauso leidenschaftlich, weil sie vom Leiden geschafft sind, auf Gott vertrauen und mit Johann Francks Lied singen: »Dennoch bleibst du auch im Leide Jesu meine Freude.«

Gerade auch im Umgang mit Asylbewerbern habe ich Menschen kennengelernt, für die dies in ihrer Verfolgung die einzige Hoffnung war: Uns ist bange. Klar ist uns bange. Wir haben richtig Schiss. Aber wir verzagen nicht. Gott ist bei uns. Er lässt uns nicht allein. Und sie können Geschichten über Geschichten erzählen, wie sie in allem Leid, in aller Not Jesus gesehen haben. Ich will solche Geschichten nicht klein reden. Ihnen war doch bange. Sie haben doch eine ganz andere Erfahrung des Leidens wie ich.

Wir leiden Verfolgung.
2 Kor 4,9

Wir leiden Verfolgung. Jesus leidet Verfolgung. Sein gesamter Lebensweg zeigt: Das, was er tut, kommt bei den Mächtigen nicht gut an. Bestenfalls bei den sogenannten kleinen Leuten. Die Verfolgung Jesu endet mit seinem grausamen Tod am Kreuz. Endet mit Verlassenheit. Wir leiden Verfolgung. Paulus leidet Verfolgung. Wegen seines Einsatzes für Jesus wird er verfolgt. Er wird verhaftet. Er kommt ins Gefängnis. Er muss sich rechtfertigen, warum er sich so für Jesus einsetzt, für die gute und froh machende Botschaft. Die Verfolgung des Paulus endet in Rom, wo er als verfolgter Christ unter Kaiser Nero den Tod findet.

Wir leiden Verfolgung. Die Geschichte der Kirche ist voll von Beispielen bis ins 21. Jahrhundert hinein. Verfolgung von Christen steht in vielen islamischen Ländern ganz oben auf der Tagesordnung. Wir erleben in unseren Tagen, wie verfolgte Christen bei uns Asyl suchen. Das dämmt die Verfolgung punktuell ein. Das Problem aber bleibt. Wir leiden Verfolgung. Der kleine Satz hat noch einen Nachsatz: Aber wir werden nicht verlassen. Das schreibt Paulus seiner Gemeinde. In aller Verfolgung, in allen Schwierigkeiten bleibt den Verfolgten der Blick auf eine ewige und über alle Maßen gewichtige Herrlichkeit. Das ist kein kurzer Trost. Das ist ein ewiger Trost. Das löst keine kurzfristigen Probleme. Doch es ist die Lösung des Problems auf Dauer. Aber: Solange wir an der Stelle noch nicht sind, haben wir als christliche Gemeinde alle Hände voll zu tun: Durch Beten für die Verfolgten, durch Aufnahme von Verfolgten in unseren Häusern, durch beharrliches Eintreten für den Frieden. Da haben wir eine schöne Aufgabe. Denn: Es geht uns doch gut. Wir leiden doch keine Verfolgung.

Gerühmt muss werden.
2 Kor 12,1

Paulus ist stolz auf seine Schwächen. Er kokettiert damit. Das irritiert mich zunächst. »Gerühmt muss werden; wenn es auch nichts nützt«, so schreibt er an die Gemeinde Gottes in Korinth. Bei Lichte besehen bleibt er damit auf dem Boden der Tatsachen. Zwar schildert er die Geschichte eines Menschen, der eine besondere Offenbarung des Herrn erfahren hatte, der unsagbare Worte hörte, die kein Mensch aussprechen durfte, aber damit gibt er nicht an. Er gibt mit seiner Schwäche an. Und er macht das gern. Er freut sich über Misshandlungen, Not, Verfolgung und Verzweiflung. Und er macht deutlich, dass er das alles nur für Christus tut. Nur wenn ich schwach bin, bin ich wirklich stark. Er vertraut darauf, dass Jesus gesagt hat, er brauche nicht mehr als seine Gnade. Und seine Kraft käme in der Schwäche voll zur Geltung.

Ich weiß nicht so recht. Der kleine Satz befremdet mich. Und doch weiß ich aus meiner eigenen Krankheitsgeschichte: Ich erzähle gern, dass es mir schlecht ging. Und dass das Gebet der Gemeinde mich getragen hat. Dass ich gespürt habe, dass Gott mir in meiner Schwäche Kraft geschenkt hat. Ich gebe doch auch damit an, wenn auch mit der lauteren Absicht, Gottes Größe deutlich zu machen.

Darum geht es beim Rühmen. Nicht um Eigenlob, so wie bei dem Organisten, der mich eines Tages im Landeskirchenamt anrief und mitteilte, er spiele jetzt zwanzig Jahre die Orgel in seinem kleinen Dorf. Und nun könne der Bischof ihn eigentlich einmal dafür ehren. Gerühmt muss (nicht immer) werden.

Habt einerlei Sinn.
2 Kor 13,11

Ob die Situation der Gemeinde nicht genau auch unsere Situation ist? Wenn Paulus an uns schreiben würde, hätte er nicht auch Grund genug, uns zu ermahnen: Habt einerlei Sinn? In Korinth war das so. Es gibt heftige Auseinandersetzungen. Es gibt Leute, die sich gegen Paulus hinterhältig verhalten. Sie werfen ihm Schwäche im Auftreten und in der Rede vor. Und auch nach einer Versöhnung flackern die Auseinandersetzungen immer wieder auf. Paulus hat viel Grund zu ermahnen: Habt einerlei Sinn.

Heißt das, dass alle die gleiche Meinung haben müssen? Heißt das, dass alle das Gleiche denken müssen? Heißt das, dass immer nur »Friede - Freude - Eierkuchen« herrschen muss? Gewiss nicht. Da steht doch auch Paulus für: Konflikte dürfen nicht unter den Teppich gekehrt werden. Über unterschiedliche Auffassungen muss man reden. Darf man reden. Kann man reden. Nur das Ziel muss sein: Habt einerlei Sinn. Habt nicht einerlei Meinung, sondern redet am Ende so, dass man euch anmerkt, dass ihr zwar darüber geredet habt, aber nicht zerstritten seid.

Wir wollen oft unsere Meinung unserem Gesprächspartner aufdrücken. Wie oft versuche ich das. Wenn es um die Heiligung des Sonntags geht, zum Beispiel. Ich merke: Ich denke zu eng. Ich sage meine Meinung. Und ich kann es ganz schlecht hören, wenn jemand eine andere hat. »Habt einerlei Sinn« heißt: Besinnt euch in eurem Handeln auf Jesus. Handelt in seinem Sinn. Und bedenkt: Er hat ein weites Herz. Er, der eine, der Lebendige, der in höchster Not gebetet hat: Auf das sie alle eins sind. Ich finde, dieses Pauluswort müsste das Leitwort auch über all unseren ökumenischen Bemühungen sein.

Abba, lieber Vater!
Gal 4,6

Wann ruft Jesus »Abba, lieber Vater?« Und warum? Und was habe ich davon? Damals am Kreuz auf Golgatha, da ruft er: »Mein Gott.« Er ruft es in seiner Verlassenheit. Da ruft er seinen Vater an und legt seinen Geist in die Hände des Vaters. Da betet er verzweifelt und doch gottergeben. Er, Jesus, der uns gelehrt hat, »Vater unser« zu beten.

Nun hat das alles mit dem Glauben zu tun. Paulus macht im Galaterbrief deutlich, dass alle, die an Jesus glauben, zu freien und mündigen Kindern Gottes werden. Das ist ein ganz neues Verhältnis, das wir zu Gott haben dürfen. Und das hat mit dem heiligen Geist zu tun, den Gott uns schenkt. Der macht uns fähig, der macht uns Mut, zu rufen: »Abba, lieber Vater«. Damit ist dann aber auch klar: Jesus ist mein Bruder. Er gehört zu meiner Familie. Er sitzt mit an meinem Tisch. Ich setze mich für ihn ein, wie er sich für mich einsetzt. Und Jesus und ich wir sind Partner. Wir können uns darauf verlassen, dass der heilige Geist unsere Wege bestimmt. Nicht von unserer Seite geht.

Wenn ich am Samstag morgen die Stadtkirche in meiner Heimatstadt aufgeschlossen habe, gehe ich immer als erstes zum Altar, bete Luthers Morgensegen und das Vaterunser. Dann hole ich quasi Gott in den neuen Tag hinein. Obwohl er schon da ist. Aber ich vergewissere mich: »Abba, lieber Vater«, behüte mich an diesem Tag, »dass dir all mein Tun und Leben gefalle, denn ich befehle mich, meinen Leib und Seele und alles in deine Hände.« So bin ich mit meinem Bruder Jesus Gott, meinem treusorgenden Vater, verbunden.

Belügt einander nicht.
Kol 3,9

Wahrscheinlich hat Martin Luther das nicht so gemeint, wie ich es verstehen will. Aber wenn er in seiner Erklärung zum achten Gebot - »Du sollst nicht falsch Zeugnis reden wider deinen Nächsten.« - erläutert, dass wir unseren Nächsten nicht belügen, ihn nicht verraten, verleumden oder seinen Ruf verderben, sondern ihn entschuldigen, Gutes von ihm reden und alles zum Besten kehren sollen, dann denke ich manchmal: Wenn sich daran alle halten würden, dann wäre die Welt um vieles friedlicher. Wenn in einem Wahlkampf zum Beispiel wenigstens die, die sich Christen nennen, die von der gegnerischen Parteien nicht verraten, nicht verleumden oder nicht beleidigen würden, sondern Gutes von ihnen redeten und alles zum Besten kehrten. Naja, es ist schon ein bisschen viel verlangt. Aber wenn es doch wenigstens bei persönlichen Verunglimpfungen bedacht würde. Es wäre schon viel geholfen.

Aber ich lenke ja nur ab von mir. Das ist wieder genau typisch Christen. Hinweisen auf die Fehler der anderen und damit ablenken von den eigenen Versäumnissen. Denn das »Belügt einander nicht«, das Paulus den Menschen in Kolossä einschärft, das gilt ja in erster Linie der christlichen Gemeinde. Die ist mit Christus auferstanden, die muss sich richten nach dem, was droben ist. So bekommt man Anteil an der Herrlichkeit. Und in dieser Gemeinschaft mit Christus, in der Nachfolge Jesu liegt die Zukunft. Und in dieser Gemeinschaft ist kein Platz für Lüge und für viele andere Dinge, die der Apostel noch aufzählt. Wenig später schreibt er übrigens: »Lasst das Wort Christi reichlich unter euch wohnen.« Darum: Belügt einander nicht.

Vergebt euch untereinander.
Kol 3,13

Paulus skizziert den Unterschied zwischen einem alten Menschen und einem neuen Menschen. Zwischen einem Menschen, der mit Christus lebt und einem Menschen, der ohne Christus lebt. Und dann zählt er, wie er das in seinen Briefen meistens macht, allerlei Mahnungen auf. Zum Beispiel diese hier: Vergebt euch untereinander. Er ermahnt die Gemeinde. Er ermahnt die, die Christus nachfolgen. Christus nachfolgen kann man offenbar nur, wenn man bereit ist, zu vergeben. Bei Jesus klingt das noch ein wenig verbindlicher. Er bittet im Vaterunser, dass Gott uns unsere Schuld vergibt, wie wir unseren Schuldigern vergeben. Für Jesus gehört beides zusammen. Die Schuld wird von Gott offenbar nur in dem Maße vergeben, wie wir bereit sind, einander zu vergeben.

Aber in welchem Maße sind wir überhaupt bereit, einander zu vergeben? Fühlen wir uns nicht manchmal ganz wohl in unserer Rolle? Wenn jemand bei uns »in der Kreide« steht? Lassen wir ihn nicht ganz gern auch noch ein bisschen zappeln? Es macht uns überheblich. Es macht uns groß. Es macht uns stark. Aber eben nur für uns selbst. Nicht vor Gott.

Denn Gott erwartet von uns Vergebung. Zum Beispiel auch, wenn wir zum heiligen Abendmahl gehen. Da erwartet er, dass wir uns zuvor mit unserem Bruder, mit unserer Schwester versöhnen. Tun wir das? Ich merke an mir, dass ich da durchaus Versäumnisse habe. Da gilt es noch so viel aufzuarbeiten. Kleines und Großes. Mir fehlt so oft der Mut zum ersten Schritt. Zum Versöhnungsschritt. Das, was Paulus an die Gläubigen in Kolossä schreibt, das gilt auch mir: Vergebt euch untereinander. Für Paulus ist das ein Beitrag zur Liebe. Und daran will ich mich gern beteiligen.

Seid allezeit fröhlich.
1 Thess 5,16

Allezeit fröhlich sein, sich immerzu freuen. Geht das? Ist das nicht ein bisschen zu viel verlangt? Warum sollen die Menschen in Thessalonich allezeit fröhlich sein? Vorher hat Paulus seine Freunde in der Hafenstadt eindringlich darauf hingewiesen, dass sie die Wiederkunft Christi nicht aus dem Blick verlieren sollen. Vorbereitet sollen sie sein auf sein Kommen. Und das kann man nicht griesgrämig oder traurig.

Es sind letzte Ermahnungen und Grüße, die Paulus an die Thessalonicher richtet. Kurz und knapp. Fast wie im Katechismus. Das kann man behalten. Neben der Aufforderung, fröhlich zu sein, fordert er noch zur Fürbitte auf und zum Dank. Gott will das so. Und der heilige Geist wird euch in allem leiten.

Hannelore, meine alte Freundin, sagte bei der Verabschiedung ganz oft: Bleib fröhlich. Ich gestehe: Es ging mir manchmal gegen den Strich. Denn ich bin ja nicht immer fröhlich. Ich beherzige die Mahnung des Apostels doch gar nicht. Ich laufe doch viel zu oft traurig durch die Welt. Wie kann ich's ändern? Wie kann ich es hinkriegen, dass ich mich andauernd freue?

Ich meine tatsächlich, dass der Schlüssel dafür der Blick auf die Ewigkeit ist. Ich meine tatsächlich, dass ich diesen Blick zu oft nicht wage - weil mir andere Dinge wichtig sind. Weil ich noch so viel erledigen muss. Weil ich nicht loslassen kann. Aber ich will mir diesen Blick bewahren. Und ich will mich von Hannelore gern - auch nachdem Gott sie zu sich gerufen hat - ermahnen oder ermuntern lassen: Bleib fröhlich.

Betet ohne Unterlass.
1 Thess 5,17

Das ist eine Ermahnung des Apostels Paulus, mit der kommt man nur schwer zurecht. Wer kann das schon, ohne Unterlass beten? Wem gelingt das schon? Das ist doch etwas für Mönche und Nonnen in einem in sich selbst gekehrten Orden. Für Betschwestern, wie wir sie aus den russlanddeutschen Gemeinden oder aus Afrika kennen. Aber wer im Tagesgeschäft steht, wer sein Geld verdienen muss, wer sich bei seiner Arbeit hoch konzentrieren muss, für den kann das nicht gelten. Nun kann ich mir auch gar nicht vorstellen, dass der Apostel Paulus das in diesem strengen Sinne gemeint hat.

Mir fällt Martin Luther ein. Von ihm ist das Wort überliefert: »Heute habe ich viel zu tun. Darum muss ich heute viel beten.« Ich habe von einem Mann gehört, der immer, wenn er die Tür zu einem Sitzungssaal in seiner Behörde betrat, die Worte gesagt hat: »Jesus spricht: Ich bin die Tür!« Das war kein formvollendetes Gebet. Das war keine Bitte, kein Dank, kein Lob. Aber es war die Vergewisserung, dass er in der folgenden Sitzung nicht allein war, sondern sich auf den verlassen konnte, der Türen geöffnet hat, auch Türen zu verschlossenen Herzen. Ich glaube, genauso meint Paulus seine Ermahnung an die Gemeinde in Thessalonich. Verlasst euch »ohne Unterlass« darauf, dass Gott bei euch ist. Auch in den schwierigen Situationen des Lebens. Manchmal ist es dann ausreichend, einfach ein »Jesus, hilf mir« zu rufen. Oder sich zu vergewissern, dass Jesus das Licht ist, die Tür, die Wahrheit, der Weg. Mir hat das schon so oft geholfen. Nein, ich nehme mir auch keine Zeit, »ohne Unterlass« zu beten. Aber ich will sorgsam darauf achten, dass ich andauernd mit Jesus in Kontakt bleibe. So verstehe ich »Betet ohne Unterlass!«

Predige das Wort.
2 Tim 4,2

Paulus schreibt an seinen treuen Freund Timotheus. Inständig ermahnt er ihn, das Wort zu predigen. Er soll dazu stehen, was er predigt. Er soll das zur Zeit und zur Unzeit tun. Er soll das tun mit Zurechtweisung, mit Drohung, mit Ermahnung, in Geduld und der Lehre entsprechend. Nüchtern stellt Paulus fest, dass die Menschen das alles irgendwann nicht mehr wollen. Aber er soll es trotzdem tun: Predigen. Das Wort. Das, was von Jesus überliefert ist. Das Evangelium. Die gute Nachricht.

Gilt das auch für mich, der ich an so manchem Sonntag Gottesdienste mit der Gemeinde feiere? Klar gilt das. Aber stehe ich nicht in der Gefahr, den Leuten »nach dem Mund« zu reden? Kommen denn Zurechtweisung und Ermahnung und Drohung in meinen Predigten vor? Dürfen sie überhaupt vorkommen? Paulus meint: Ja! Aber ich tue mich doch schwer. Und ich weiß auch nicht, ob die Leute in den Kirchen des Wolfhager Landes mir das abnehmen. Die Leute kennen mich doch. Sie kennen doch meine Fehler, meine Schwächen, meine Unzulänglichkeiten. Und sie sagen: Der hat's gerade nötig, uns zu ermahnen, uns zurechtzuweisen. Und sie haben doch Recht.

Sie merken, liebe Leser, ich eiere ein bisschen herum. Ich brauche deshalb die Geduld, von der der Apostel schreibt. Und ich muss lernen, was ich im Auftrag Gottes zu sagen habe, in Liebe zu sagen. In Liebe soll ich ermahnen, zurechtweisen, also auf den richtigen Weg hinweisen. Das ist die Aufgabe eines Predigers des Evangeliums. Und bevor Sie das Buch zuschlagen und sagen: Das geht mich nichts an: Predigen geschieht nicht nur auf der Kanzel, sondern durch das Leben. Ganz in dem Sinne, wie Jesus das gesagt hat: Ihr seid das Salz der Erde.

Ich will's bezahlen.
Philemon 19

Philemon ist der Besitzer eines entlaufenen Sklaven mit Namen Onesimus. Für ihn legt Paulus Fürsprache ein. Offensichtlich hatte Onesimus seinem Herrn einen Schaden verursacht und war aus Furcht vor Bestrafung geflohen. In der Begegnung mit Paulus wird Onesimus Christ und zu einem wichtigen Helfer für den gefangenen Apostel. Und nun schreibt Paulus an den Sklavenbesitzer, der Christ geworden war. Er nimmt ihn in die Pflicht, Onesimus anständig zu behandeln: »Nimm ihn auf, wie mich selbst.« Und was den Schaden angeht, reagiert Paulus mit der knappen Bemerkung: »Ich will's bezahlen.«

Ich vermute, Paulus will nicht die Gunst des Philemon für Onesimus erkaufen. Es scheinen zwei unterschiedliche Dinge zu sein: einerseits die gewonnene Freiheit für einen, der dem Apostel ein Freund geworden ist. Und andererseits das ganz selbstverständliche Einstehen für einen Freund. Der kann als Sklave für den eingetretenen Schaden nicht aufkommen. Also bezahlt der Freund »die Zeche«. Und er hat keinen Hintergedanken dabei. Obwohl er den haben könnte, wie der kurze Philemonbrief zeigt.

Im Grunde genommen ist das eine Situation, vor die wir als Christen immer wieder gestellt sind. Dass einer für den anderen einsteht. Dass einer den anderen aus einer Verlegenheit herausholt. Das ist nicht immer eine Frage des Geldes. Das kann auch Zeit sein, die man für den anderen bereithält. Auch Gebetszeit. Ich will's bezahlen. Das heißt: Ich verbürge mich für meinen Freund. Ich stehe für ihn ein.

Ehrt den König!
1 Petr 2,17

Unter den Ermahnungen zum Verhalten in der Welt, die Petrus den Empfängern seines ersten Briefes ans Herz legt, ist diese die schwierigste. Die Brüder und Schwestern lieben und Ehrfurcht vor Gott haben, das kriegen wir ja irgendwie hin. Aber den König ehren? Wir tun uns schwer. Und wir können das ja auch schnell abtun: Wir haben keinen König. Die Engländer haben es da gut. Die haben eine Königin. Mit der sind sie zufrieden. Die können sie ehren. Und sie haben da keine Probleme mit. Aber das hilft mir nicht weiter.

Nun kann man lange drumherum reden. Man kann aber auch einfach feststellen: Wir sollen Menschen, die Verantwortung für unser Land haben, mit Ehrfurcht begegnen. Wir sollen sie achten. Wir sollen sie ernst nehmen. Wir sollen ihren Dienst für unser Land im Gebet begleiten. Dabei müssen wir unser parteipolitisches Denken vergessen, oder wenigstens ganz nach hinten stellen. Als Christ habe ich, ob ich nun die CDU oder die SPD, die FDP oder die Linken, die Grünen oder die AfD wähle, die Verpflichtung, für den Bundespräsidenten oder für die Bundeskanzlerin oder für - das ist beliebig erweiterbar - zu beten. Warum? Weil ich als Christ darauf vertraue, dass das Gebet die Kraft hat zu helfen. Konkret: In meiner Wochengebetsliste finden sich selbstverständlich der Bundespräsident und die Bundeskanzlerin mit den Mitgliedern der Regierung, der Ministerpräsident, der Regierungspräsident, der Landrat und der Bürgermeister mit denen, die ihnen zuarbeiten in den Gremien und Ämtern.

Anders gesagt: Wenn ich die Königsherrschaft Gottes ernst nehme, wenn ich nicht nur auswendig, sondern auch inwendig singe »Jesus Christus herrscht als König«, dann ist die ganz logische Folge, auch die Könige dieser Erde zu ehren und für sie zu beten.

Gott ist Liebe.
1 Joh 4,16

Es ist ein altes Lied. Und es ist ein frommes Lied. Und es wird gesungen auf die Melodie von »Am Weihnachtsbaume die Lichter brennen.« Aber es fällt mir immer als erstes ein, wenn ich dieses Bibelwort höre. Ich habe es in meiner Jugend gesungen. Und ich habe es richtig gern gesungen in der Bibelschule und im EC und beim CVJM. Auch wenn Scharen von Theologen und Kirchenmusikern die Zornesröte ins Gesicht stieg oder sie milde gelächelt haben: »Gott ist die Liebe, will mich erlösen. Gott ist die Liebe. Er liebt auch mich. Drum sag ich's noch einmal: Gott ist die Liebe, will mich erlösen. Er liebt auch mich.«

Nun hat die Liebe Gottes einen Namen: Jesus. Ihn hat Gott zur Rettung der Welt in die Welt gesandt. Nicht ohne Grund hat die Kirche aus dem Nachtgespräch mit Nikodemus als den zentralen Spruch zum Karfreitag erklärt: »Also hat Gott die Welt geliebt ... (Joh 3,16)« So groß ist die Liebe Gottes zu uns Menschen, zu mir. Das kann ich sowieso nicht verstehen, dass Gott gerade mich meint, mich liebt, mich annimmt. Mit mir seine Kirche bauen will. Mit mir, der ich ihn so oft enttäusche. Mit mir, der ich so oft genau das Entgegengesetzte tue von dem, was er von mir erwartet. Aber er liebt mich. »Er liebt auch mich.«

Darum versuche ich zaghaft mit Paul Gerhardt eine Liebeserklärung: »Mein Lebetage will ich dich / aus meinem Sinn nicht lassen, / dich will ich stets, gleich wie du mich, / mit Liebesarmen fassen. / Du sollst sein meines Herzens Licht, / und wenn mein Herz in Stücke bricht, / sollst du mein Herze bleiben; / ich will mich dir, mein höchster Ruhm, / hiermit zu deinem Eigentum / beständiglich verschreiben.« (EG 83,4) Gott ist die Liebe! Er liebt auch mich. Danke, guter Gott.

Lasst uns lieben.
1 Joh 4,19

Es muss in den ganz jungen Jahren meines Lebens gewesen sein. Jedenfalls habe ich das Gedicht noch heute vor Augen. In einem kleinen Heftchen stand es. Ich sehe es genau: »Das will ich mir schreiben in Herz und Sinn, dass ich nicht für mich auf der Erde bin, dass ich die Liebe, von der ich leb', liebend an andere weitergeb'.« Der Textdichter ist unbekannt. Ich habe den Vers verinnerlicht. Behalten. Wie den 23. Psalm und anderes, was ich im Konfirmandenunterricht und in einer Bibelschule gelernt habe.

Der Schreiber des ersten Johannesbriefes bringt diesen Satz in den Zusammenhang mit der Liebe Gottes. Wer Gott liebt und seinen Bruder hasst, der ist ein Lügner. Das könnte doch die Welt vielleicht viel menschlicher machen. Oder bin ich zu blauäugig? Wenn doch wenigstens wir Christen, die wir lauthals singen, dass Gott die Liebe ist, mit dem Hass aufhörten. Wenn Politiker, die das christliche Abendland im Munde führen, sich auch wirklich christlich verhalten würden. Wenn wir doch als christliche Gemeinde das Wort Hass nicht nur aus unserem Sprachschatz streichen würden, sondern vor allem aus unseren Gedanken. Ich finde, es stünde uns Christen gut an, wenn alle, die mit uns zu tun haben, sehen würden, spüren würden, dass unser Verhalten etwas mit Liebe zu tun hat.

Ein Tipp für diesen Tag: Überlege einen Moment, wen du zu den Menschen zählst, die du nicht magst, die du vielleicht sogar hasst. Und dann bitte Gott, dass er dir Kraft schenkt, auf ihn zuzugehen und ihm seine Liebe zu zeigen. Und dann gehe hin und spricht dich mit ihm aus. Und sag ihm: »Lass uns lieben.«

Gehorcht euren Lehrern.
Hebr 13,17

Nein, das ist keine Ermahnung für Schüler. Es ist eher eine Aufforderung zur Erinnerung. Der unbekannte Schreiber des Hebräerbriefes gebraucht in diesem kurzen Abschnitt letzter Ermahnungen zweimal das Wort »Lehrer«. Einmal als Aufforderung zur Erinnerung. Die Leser sollen die in Erinnerung behalten, die die Gemeinde geführt haben, die gepredigt haben. Wie sie gestorben sind, soll ein Beispiel für die Nachfolge im Glauben sein. Und ein andermal gebraucht er das Wort als Aufforderung zum Gehorsam. Die Leser sollen denen gehorchen, die die Gemeinde führen. Ihren Anweisungen sollen sie folgen.

Ist das nicht 1900 Jahre nachdem der Brief geschrieben ist, überholt? Das Pergament nicht wert, auf dem der Brief geschrieben ist? Wenn ich's richtig umsetze: Ich soll dem Kirchenvorstand meiner Gemeinde gehorchen. Seinen Anweisungen soll ich folgen. Ist es überholt? Vielleicht. Vielleicht ist es auch einfach nur unmodern. Aber es steht ja in der Bibel. Ich kann's doch nicht einfach streichen. Umgesetzt in unsere Sprache: Ich muss doch die Gemeindeleitung ernst nehmen. Die betet doch über ihren Entscheidungen, die getroffen werden. Die bittet doch darum, dass der heilige Geist ihre Herzen bei ihren Entscheidungen erfüllt. Und wer bin ich denn, dass ich die Entscheidungen des heiligen Geistes anzweifele?

Ob man das Akzeptieren der Entscheidungen der Gemeindeleitung dann gleich mit dem Begriff »Gehorsam« zusammenbringen muss, will ich mal dahingestellt sein lassen. In jedem Fall dient das, was die Gemeindeleitung entscheidet, der Einheit der Gemeinde, dem Frieden, der Liebe. Darum: Gehorcht euren Lehrern! Und den Lehrerinnen natürlich auch.

Betet für uns.
Hebr 13,18

Kurz und knapp richtet der uns unbekannte Briefschreiber an die uns ebenfalls unbekannten Adressaten letzte Ermahnungen. Der Schreiber hat offenbar eine Gemeinde im Blick, die müde zu werden scheint. Und da ist die Gefahr groß, dass man auch Jesus den Rücken kehrt. Dem Heil, das in die Welt gekommen ist. Darum ermahnt er seine Leser, an die zu denken, die das Wort Gottes verkündigt haben. Ihr Ende sollen sie anschauen. Und so weiter. Und so weiter. Und dann kommt auch die knappe Ermahnung: »Betet für uns«.

Ich finde, es ist nicht mal eine Ermahnung. Es ist eine Bitte. Eine Bitte um Fürbitte. Das ist eine schöne Erfahrung, die ich in meinem Leben mache: Dass Menschen, die an Jesus glauben, verbunden sind in einem großen Gebetsnetz. »Ich habe ganz schön jeden Morgen zu tun«, sagte die alte Freundin, »bis ich alle, die auf meiner Fürbittenliste stehen, durchgearbeitet habe«. Und mein zehnjähriges Patenkind schickte mir ins Krankenhaus eine »Whatsapp« und ließ mich wissen: »Ich bete jeden Abend für dich.«

Die Fürbitte ist ein großer Schatz der christlichen Gemeinde, auch in den Gottesdiensten. Der Pfarrer unserer Partnergemeinde in Heldrungen an der Unstrut erzählte mir einmal, dass er für die sonntäglichen Fürbitten fast so lange braucht wie für die Predigt. Da ist mir etwas deutlich geworden von der Ernsthaftigkeit des Gebetes, von der hohen Bedeutung der Fürbitten. Sorgfalt ist angebracht bei der öffentlichen Fürbitte. Privat freilich können wir mit Gott so reden, »wie uns der Schnabel gewachsen ist«. Wichtig allein ist, dass wir es tun - füreinander.

Irrt euch nicht.
Jak 1,16

Eine Mahnung. Wie so oft in den Briefen des neuen Testamentes. Meist sind die Briefe des Paulus voll von Mahnungen. Aber auch Jakobus kann das. Irrt euch nicht. Warum nicht? Und wer nicht? Jakobus, der Bruder Jesu, richtet seinen Brief »an die zwölf Stämme in der Zerstreuung«. Damit sind die christlichen Gemeinden in der ganzen Welt gemeint. So wie Israel unter alle Völker zerstreut wurde, lebt auch das endzeitliche Gottesvolk aus Juden und Heiden zerstreut unter allen Völkern.

Jakobus warnt vor den Versuchungen. Dabei hatte er einen anderen Ansatz als sein Bruder Jesus. Der spricht vom Satan, der Menschen in seine Gewalt bringt. Dadurch werden sie ungehorsam vor Gott. Jakobus sieht das anders. Für ihn kommen alle Versuchungen aus dem Menschen selbst. Und bevor er das weiter ausführt, startet er mit dem »Irrt euch nicht!« Dann weist er hin auf Gott. Und darauf, dass »alle gute Gabe und alle vollkommene Gabe« von Gott kommen. So wie wir's zu Erntedank singen. Ein Grund zum Danken.

Macht euch das zu eigen, mahnt er vielleicht. Oder ermuntert er. Denkt in eurem Leben daran, dass ihr Grund habt zum Danken. »Vergiss nicht, was er dir Gutes getan hat«, betet David im 103. Psalm, dem großen Loblied von der Barmherzigkeit Gottes. Irrt euch nicht. Lebt von dieser Barmherzigkeit. Dann habt ihr keinen Grund, euch von euren eigenen Begierden verführen zu lassen. Schaut auf Gott. Schaut auf Jesus. Er hat dafür gesorgt, dass ihr an die erste Stelle unter seinen Geschöpfen getreten seid. Also: Kein Grund zur Panik. Gott steht euch bei. Irrtum ausgeschlossen.

Ich komme bald.
Offb 22,20

So endet die Bibel. Mit dieser Verheißung von Jesus. Und der Schreiber der Offenbarung schließt dann nur noch jene Antwort an, die schon im frühchristlichen Gottesdienst gebetet wurde: »Maranatha, Amen, ja komm, Herr Jesus!« Das ist auch der Ruf am Ende der Abendmahlsliturgie. Jedenfalls habe ich bei den Abendmahlsgottesdiensten, die ich leiten darf, beibehalten, was gemeinhin nicht mehr so üblich ist. Obwohl es doch gerade bei den Abendmahlsfeiern, die nur auf Gemeinschaft aus sind, so wichtig wäre, die Nähe Jesu herbeizurufen. Und mit dem Ruf »Maranatha« stünde man in einer langen christlichen Tradition. Sei's drum.

Die Zusage bleibt ja sowieso: Ich komme bald. Das ist ein Wort, das eine tiefe Sehnsucht auslöst. Das ist ein Wort, das ganz auf Hoffnung angelegt ist. Ich komme bald. Das weckt die große Sehnsucht auf das himmlische Jerusalem. Das weckt die große Sehnsucht, dabei zu sein, wenn sie sich alle versammeln: Jubal, von dem es heißt, dass er der Stammvater aller Flötenspieler und Gitarristen sei, Mirjam, die Solistin und Chorleiterin bei Mose, David, der Harfenspieler und erste Musiker am Hofe des Königs Saul, Zacharias, der Texter des Lobgesangs, Martin Luther, der Herausgeber des ersten evangelischen Gesangbuchs und Johann Sebastian Bach, der geniale Meister und großartige Arrangeur.

Da möchte ich einmal dabei sein. Möchte mitsingen im Chor der Zehntausend mal Zehntausend. Möchte dabei sein, wenn Jesus kommt. Das ist und bleibt meine große Hoffnung. Auf dieses neue Jerusalem freue ich mich. »Jerusalem, du hochgebaute Stadt, wollt Gott, ich wär in dir« ist darum auch eines der Lieder, die ich heiß und innig liebe. Wollt Gott, ich wär in dir. Wann? Warum? Weil Jesus gesagt hat: Ich komme bald.

Alle 352 kleinen Sätze
Mit Angabe der Seitenzahl:
die bedachten Sätze

104

Die Aufzählung ist noch nicht vollständig. Beim Abschreiben der Bibel werde ich gewiss weitere Sätze entdecken.

Günther Dreisbach, *1950 in Wolfhagen. Mittlere Reife an der Wilhelm-Filchner-Schule Wolfhagen. Ausbildung beim Kirchlichen Rentamt Wolfhagen. Bundeswehr. Verwaltungsangestellter und seit 1975 Kirchenbeamter beim Landeskirchenamt in Kassel, seit 2012 im Ruhestand.

20. Juli 1969 erster eigenständiger Lektorengottesdienst mit einer Predigt über 1 Kor 13, 1971 Berufung zum Lektor, 1995 Berufung zum Prädikanten, Gottesdienste in allen Gemeinden des Kirchenkreises Wolfhagen, 2012 Verleihung des Titels »Kirchenrat«.

Mitarbeit bei »Kasseler Lektorengottesdienst«, »Werkstatt für Liturgie und Predigt« Bergmoser+Höller Aachen, »Glaubenssache« der Hessisch-Niedersächsischen Allgemeine, gelegentlich beim Kasseler Sonntagsblatt und bis 2012 gelegentlich beim Evangeliumsrundfunk in Wetzlar.

Günther Dreisbach
Nur drei Worte
Kurze Sätze aus der Bibel bedacht und ausgelegt
Oktober 2017
Verlag tredition

Kontakt: dreiswolf@gmx.de
http://www.gdreisbach.de

Zeitfracht Medien GmbH
Ferdinand-Jühlke-Straße 7
99095 Erfurt, Deutschland
produktsicherheit@kolibri360.de